U0550630

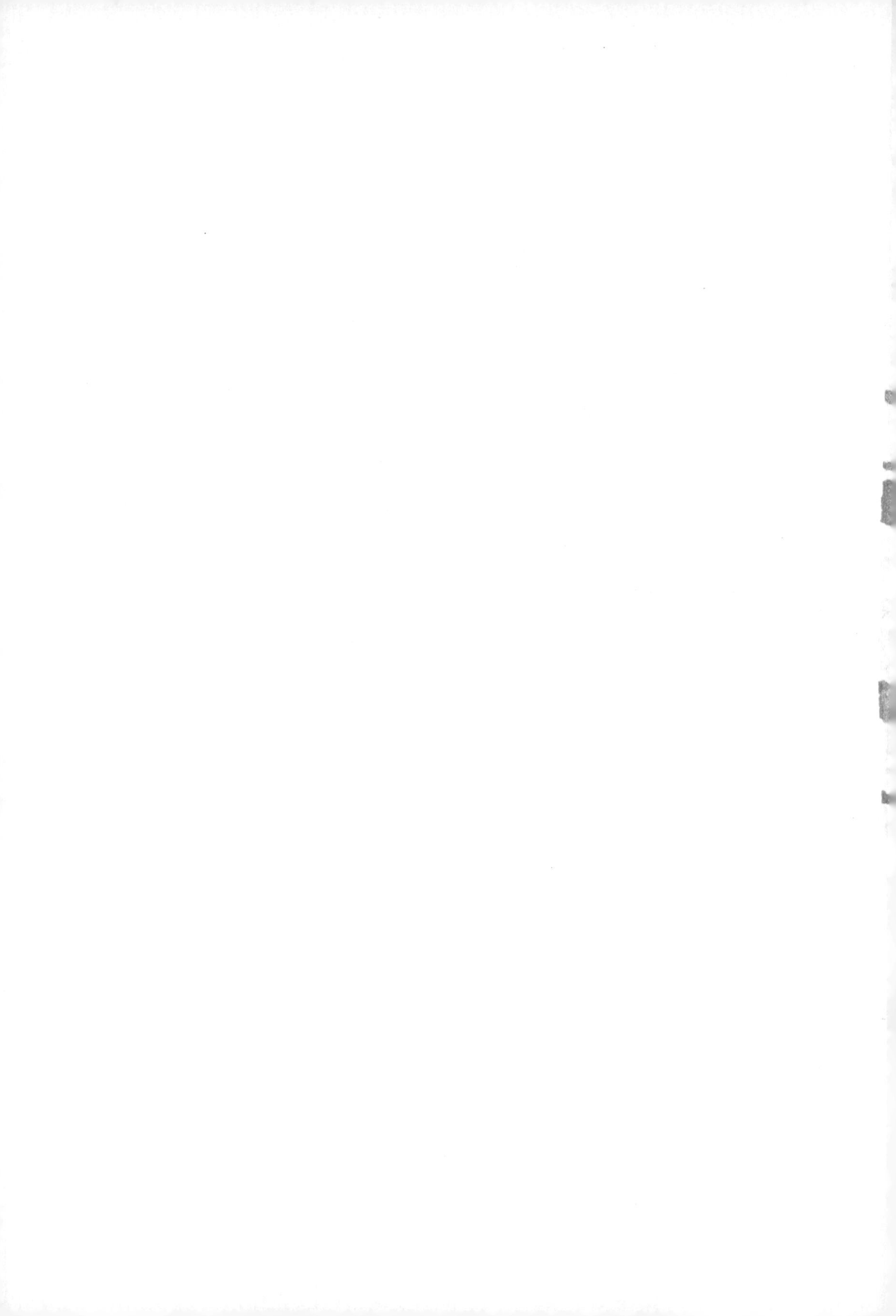

穿越萬仞宮牆 走進春風化雨

張光甫教授學思行誼

李稀齡、張淑美、黃楸萍——編

高雄復文圖書出版社

穿越萬仞宮牆　走進春風化雨：張光甫教授學思行誼

國家圖書館出版品預行編目（CIP）資料

穿越萬仞宮牆　走進春風化雨／李稀齡，張淑美，黃楸萍編．．— 初版．— 高雄市:高雄復文圖書出版社 ，2023.01
面；　公分
ISBN 978-986-376-253-9（平裝）

1.CST: 張光甫 2.CST: 教師 3.CST: 臺灣傳記
783.3886　　111021347

編者・李稀齡、張淑美、黃楸萍
發行人・蘇清足
出版者・高雄復文圖書出版社
地址・80252高雄市苓雅區五福一路57號2樓之2
TEL· 07-2265267
FAX· 07-2233073
劃撥帳號・41299514
臺北分公司・23445新北市永和區秀朗路一段41號
TEL· 02-29229075
FAX· 02-29220464
法律顧問・林廷隆律師
TEL· 02-29658212

ISBN 978-986-376-253-9　初版一刷　2023 年 1 月

定價・400 元

行政院新聞局出版事業登記證局版台業字第 1804 號

http://www.liwen.com.tw E-mail:liwen@liwen.com.tw

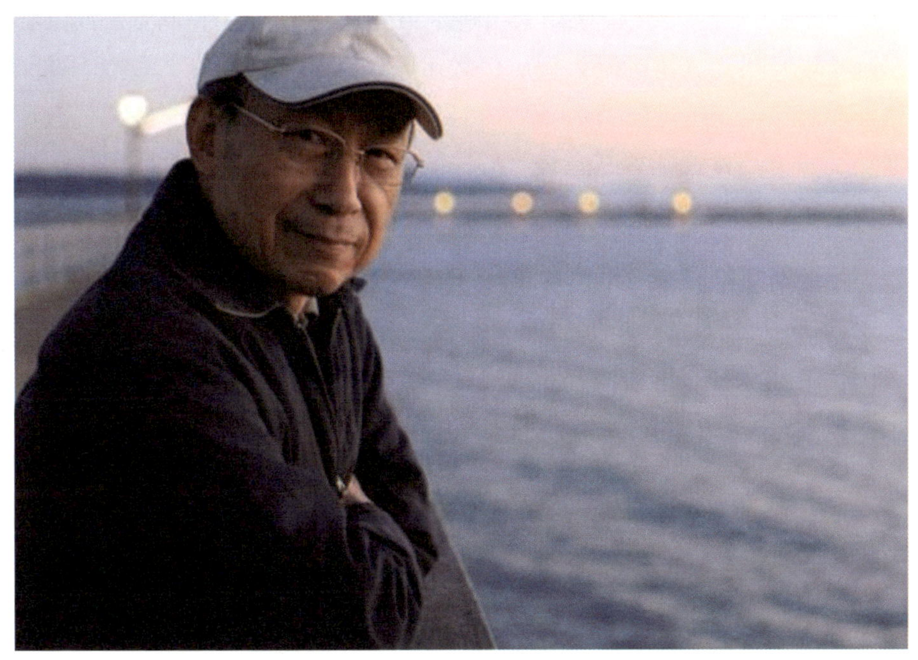

光甫老師帥氣瀟灑的風采，彷彿看視人事物的本然自在
～於 溫哥華 White Rock 海邊（2015 年 4 月）

張光甫教授簡介

張光甫教授，祖籍浙江省定海區，民國 29 年（1940 年）10 月 28 日出生於上海，家中排行老大，十歲時隨父母從大陸遷居台灣，定居於高雄。

張教授畢業於國立政治大學教育系，後繼續於政治大學教育研究所攻讀碩士，以研究老子教育思想取得碩士學位，接著繼續前往美國東伊諾大學（Eastern Illinois University）進修，取得專士學歷；幾年後又再以優異成績獲得 Fulbright 基金會的全額獎學金前往美國德州大學（University of Texas at Austin）攻讀博士，並以研究永恆主義赫欽斯

（Hutchins）取得哲學博士學位。民國 56 年（1967 年）獲聘到高雄師範學院（現升格為高雄師範大學）任教，歷任講師、副教授、教授，期間曾任教育學院院長（民國 78 年 8 月到 84 年 7 月間連任第一和二任教育學院院長）及實習輔導處處長，於民國 95 年自高雄師範大學退休，退休後旅居加拿大。

張教授品格高尚、風度翩翩、才華洋溢、學養俱佳。力主慎獨、用心學術、中西兼通，著作等身。透過授課、寫作、演講、乃至書法文字，展現其深厚的學術功力、人格修養與教育智慧，作育英才與潛移默化無數學子、教師，深受敬仰與愛戴。

目次

往事非雲煙～代序

黃正鵠前校長

那年暑期，承蒙恩師胡秉正教授及學長張壽山教授的推薦，有機會到高雄師範學院（即今日的國立高雄師範大學）任教。先去拜見當年的院長金延生先生，金院長十分歡迎我來校任職，但要我先辭去原來任教的學校才能發聘。這一路陪同我的就是張光甫教授，他當時在師院擔任註冊主任。我回家隔天就去原校辭職，次週再去拜會金院長，光甫兄陪著我，不料金院長說發聘的事還在考慮中，他會斟酌各種條件的。我辭職後非常難過與著急，舊工作已經辭去，新工作不能確定，如何是好？光甫教授一直陪著我，靜聽我的著急、慌亂，陪我在大勇路吃了晚餐，送我上車時他說他會和葉學志老師（時任師院教務主任，後來擔任彰化師大校長）為我爭取，請放心。我著急了半個月後，金院長再約我去高雄師院，拿到聘書。這份三顧「茅廬」的聘書，極有意義，其中包含了光甫深厚的友情，他用陪伴、傾聽、關懷化解了我的著急、苦惱與慌亂，這深刻的印象在我以後研習輔導專業時，有著深厚的感受與體會。

光甫兄中英文俱有深厚的根底，秀娟的行書，使你有無窮的享受，他的英語也極為流暢，字正腔圓，用字典雅。他第一次赴美進修到東伊利諾大學（Eastern Illinois University）和我是同一位指導教授歐博通博士（Dr. Paul Overton）。歐博通教授曾問光甫兄他的英文為何這麼流暢？是怎麼學的？光甫兄說：「我內人是英語系的高才生，平時沒有空教我英文，我們都是晚上要入睡前在床上學的。」歐博通教授聽了哈哈大笑，便說這是枕邊細語了，此後光甫兄常被稱為“Pillow Talk”而出名了（當時台灣正上演《枕邊細語》），這也看出光甫兄嫂間的濃情蜜意，用愛心堅定地牽手走下去。幾年後光甫兄再以優異成績獲得 Fulbright 基金會的全額獎學金赴美進修，取得德州大學博士學位。光甫兄的才華與努力是他成就的主因，但另一不可忽視的力量是賢妻李稀齡大嫂的愛心與支持，實踐了 Ph. D.的真正意義～To push the husband to be a doctor。光甫兄返國後，我們高雄師範大學共有三位來自德州的博士，另兩位是邱兆偉教授和張新仁教授，被稱為德州三傑。光甫兄的博士是真正的哲學博士，因為他的專攻是哲學。我常笑他的哲學是天空中的雲彩，可遠觀而不可近玩。難怪詩人徐志摩說「我揮揮衣袖，不帶走一片雲彩……」他如何能帶走天上的雲彩？哲學確實是一種思維。

光甫兄對教學也有他精緻的看法，他認為剛任教的年輕教師，自己對本身的專業尚不太了解，就去教導完全不了解該學科的學生，其結果是師生一片茫然，幾年後，老師進步了，可以把專業說得清楚透徹，這時教出來的結果是一知半解，學生只是半解，再若干年後，老師已是精通熟練，學生也有了新的歷練，再來進修，就會心領神會了。所以終身學習是深具意義，你會得到老師的真傳。

這些年來，光甫兄和我都越過了山巔，小時候只知道太陽一定落在山的另一邊，詩人也告訴我們山的另一邊的草地更綠。我們現在已經在山的另一邊，陽光確實更燦爛，草色也更深綠，真是夕陽無限好，就是在黃昏。老師只會慢慢退去，但會永遠留在學生的心頭。

僅以此短文，獻給生命中的摯友張光甫教授

祝賀他的新書問世。

中華民國一百一十年聖誕

針線情

李稀齡

我與光甫結褵多年，在我心目中，光甫有赤子之心、不做作、不虛偽、時時檢討自己、堅持做真實的自我，他每天寫日記長達四十年，光甫的學生曾告訴我她很喜歡張老師的字，我說他寫的日記已堆疊幾尺高了。除了每天寫日記，學術工作更是光甫日常的生活重心，於高師大任教外，他同時也受各界的邀約而四處演講或擔任講座，每一場的上臺，背後都有他的學術努力。他看的書很多，也習慣將所思所想寫下來，幾年前（2017 年 10 月）我返回台灣整理家中光甫的學術資料和手稿，有鑑於這些書籍和手稿都是光甫的心血結晶，我乃將其贈與光甫的學生黃楸萍。黃楸萍覺得這些資料都彌足珍貴，於是她與張淑美教授共商將這些學術資料和手稿予以出版，我同時也另外再提供了一些光甫的生活點滴資料，我們都希望透過此書能讓更多人有機會可以一窺光甫的學術成就。

此書出版真不容易，黃楸萍和張淑美兩位教授付出太多的時間和心力，還有高雄復文圖書出版社蔡國彬先生以及李麗娟經理的幫忙，有他們的努力才能將此書呈現在大眾眼前。

中華民國一百一十一年十二月

To Sir with love

黃楸萍

若說真的有前世今生，那我真的要懷疑我的前世可能便曾是老師的學生了，若否，怎會在我大學畢業教書工作最迷惘、遇到瓶頸時，陰錯陽差的剛好看到時任高雄師範大學教育學院院長的老師發表的一篇文章—《談生命教育》，老師從哲學的角度談教學，也談智慧、也談人生，讀到老師此文的當下，我有如醍醐灌頂般，更下定決心我一定要考進高雄師範大學就教於老師；很幸運的，當年我便如願考進高雄師範大學教育系碩士班。碩士班期間，我努力修習老師所開的課程，努力學習老師的智慧，終於到了要選碩士論文指導教授的時候了，我向老師提出了請求，沒想到老師說因為我研究的領域是佛學，他對佛學不熟，所以不敢當我的指導教授，這下我可慌了，我就是為了老師而來讀高雄師範大學的，老師不當我的指導教授，那我怎麼辦！於是，何俊青學長偷偷教我，讓我先自己把碩士論文要寫的資料再準備得齊全些，拿去給老師看，再以更誠懇的態度請求老師指導我的碩士論文，在我充分展現誠意後，終於獲得老師的首肯。

老師指導我論文期間，我有了更近距離與老師學習的機會，老師做學問之認真及嚴謹的態度，真是叫我肅然起敬！老師很嚴，但我很感恩！感恩老師對我做學問的雕琢！

1996 年在老師認真的指導下，我順利取得碩士學位自高雄師範大學畢業，但我們師生緣並未因我的畢業而結束，2000 年我結婚，老師在黃文樹學長的邀請下，擔任了我婚禮的證婚人！說實在的，當時我看到老師出現在我的婚禮時，我真的好感動！好感動！至今我仍是銘感五內！

2001 年我參加博士班考試，我同時考取台灣師範大學和高雄師範大學的博士班，我不知老師從何管道得知我考取博士班的訊息，我竟接到老師打電話來向我道賀！我一方面以喜，一方面以驚！可見老師一直默默關心著學生！當年，同時考取台灣師範大學和高雄師範大學的我，本該躊躇該選擇哪所學校就讀的，但，說也奇怪，我的心異常堅定－我要去讀高雄師範大學，我要再去當老師的研究生！於是，我與老師又在高雄師範大學再續師生緣！博士班期間，更有機會親近老師，更讚嘆老師中西哲學兼通的學問功力，以及老師深厚的文學底子，還有智慧的人生態度，更深刻體悟老師嚴肅教學背後的那顆豐富柔情的心。這就是教育！是老師給的身教！

2006 年我博士班畢業，不久後，老師便大部分時間都住在加拿大了，但老師每次回國，我們一些學生還是會跟老師聚聚，可見老師雖然退休且遠在國外，但仍深受學生們的喜愛！甚至，在我生老二時，老師正巧回台灣，老師還特地到家裡探望正在坐月子的我，還包了紅包給我的小 baby！這就是老師常講的「教育中人情的練達」！老師用他的身教教了我「人情的練達」！

老師退休後不久便旅居加拿大，只在寒暑假才偶爾回台灣，老師不在台灣期間，其住家都是由我看管照顧。近幾年老師因身體因素，所以較不常回台灣，前幾年師母回台整理老師的東西，將老師在台灣的書本及手稿送給我，我固然跟在老師身邊做學問已多年，看管老師房子多年期間也常在房子裡看到老師所讀的書籍，但師母這次是將老師研讀的書籍、剪報及手稿等資料給我，我喜獲這位在台灣教育無數傑出教育工作者的學者之學習歷程。從老師的手稿及書本中，我看到老師「博學」背後的「下足功夫」！應驗了一句老話「台上十分鐘，台下十年功」，而且從老師的手稿中，我也得以一窺老師每場演講前的學思過程，無怪乎老師的演講總是引人入勝！

高雄師範大學張淑美教授與我商討，老師的東西大多在我這邊了，於是我們共商將老師的手稿及著作掃描成電子檔且印出紙本裝訂成冊，請余嬪教授將此編輯本於前往加拿大時先送給老師和老師的家人，讓老師在加拿大若想「懷舊」時還可拿出來看看。

又過些時日，我有感於老師已退休旅居加拿大，但其教育智慧卻不該因此而淹沒在時代的潮流中，於是，我乃興起將老師的手稿資料編輯出版，讓更多無緣於老師年代者仍有機會學習老師的智慧！

為了保留原始資料的樣貌，故此書中與老師的電子郵件往返以及指導論文舉隅，都仍以橫書為之。又為了秉持王陽明「六經注我，我注六經」的學問精神，我只呈現原始資料，目的在於讓讀者們可以各自心領神會！

最後，我要特別感謝張淑美教授的居中協助聯絡出版社、高雄復文圖書出版社蔡國彬顧問的成全與李麗娟經理的協助，乃能促成此書出版的因緣。在本書中，除了放有老師的著作及手稿舉隅外，我還放了一些我們師生之間的點滴，以記師生情緣，以謝師恩隆隆！同時也感謝張淑美教授提供其與老師的談話紀錄，讓我們更了解老師的近況、感謝黃正鵠前校長提點我編輯的點子、感謝余嬪教授和師母及老師外孫女提供的訪談語音檔！當然，更要感謝高雄復文圖書出版社的協助出版！

中華民國一百一十一年十月

生命中沒有巧合：緣分、感恩與祝福

張淑美

本書彙集光甫老師幾十年來的學思行點滴歷程、人情溫暖、生活品味等生命華采，不僅是他熟識與熟識他的親友學生們珍貴溫馨的情誼回憶，對每位讀者而言，這更是一本深邃又親切的生命智慧專輯、也是非常特別的生命美學之藝術作品。這篇序文已經在我心中斷斷續續、反覆敘說，一直沒能成篇，總算到最後能夠好好來話說這本書的成書因緣、心意、感謝與祝福。

這本書構思起源於 2018 年 7 月底、8 月初，我因為要出席當年「國際個人意義學會」（International Network of Personal Meaning, INPM）在溫哥華舉辦的國際意義學術研討會，除了帶我的小女兒與會，也邀請光甫老師指導的高足黃楸萍博士和她全家一起拜訪老師與師母，並旅遊溫哥華著名景點。出席會議與旅遊之前，我和女兒有幸繼 2014 年全家到老師家之後第二次住在老師家兩個晚上，因此有機會和老師聊到許多高師大（師院）過去人事物境的細膩回憶與情感，尤其那年 11 月適逢高師大五十週年校慶，老師對於自己身體狀況已不便親自回台出席盛會、無法與他相識幾十年的同事好友學生們敘舊相聚而傷感⋯。我回台之後，便想到應該嘗試將老師的思想文字彙整成書，或者可以請老師錄音口述生命感想，一定是可以嘉惠世人的寶典，甚至於我都想好了書名叫：《哲學就是教你不明白～張光甫教你想明白生命中的 20 件大事》[1]，老師看了我擬的二十個生命主題之後，頗有感觸回覆我：「謝謝你的

[1] 我擬的二十個主題，本書看來也都涵蓋了，讀者應該可以從本書中找到老師給的建議了。主題如下：1.來學習；2.做學問；3.說哲學；4.析教育；5.論道

構想和美意，你的題目訂得很好…謝謝你們的好意，恕我沒法從命了」。此事一直放在心中掛念著，於是想到找楸萍一起來討論看看怎麼做，她也早有相同想法，並告知她受師母之託，代收藏了許多老師的演講大綱手稿、手札、書法墨寶等原稿，我乃建議她可以稍做編輯並掃描一份給老師師母留存紀念，楸萍很有效率地完成後，再加上她在老師指導下的寫作學位論文的紀錄以及互動的照片書信等等掃描檔案，編印成原本只想供作老師師母以及親近的門生故舊們以茲留念的文集。2019 年 6 月 18 日，老師師母住在美國加州的大女兒嘉璇全家回台來高雄懷舊之旅，楸萍也帶著老師一些文稿與墨寶等原稿、以及掃描的光碟和輸出的冊子出席聚會，大家看了都深有感觸，加上同年暑假余嬪教授將到溫哥華拜訪老師與師母，可以幫忙帶一套過去，乃引發可以進一步充實資料、編輯、乃至正式出版的想法，包括後來再由余教授和嘉璇大女兒 Athena 與老師對話的錄音文字等內容。之後兩三年間，師母也陸陸續續傳來更多老師的珍貴書法與手稿等，充實豐富了許多資料，我們來回商量，幾經彙整排版修改之後，終於成為目前的樣貌。

本書彙整老師的「書籍舉隅」等五部分主體，以及包括珍貴音檔轉錄的文字、相片與書信文件等等「附錄」。每部分都有他們獨特的生命故事，容我一一略作敘說。「書籍舉隅」彙篇中，除了老師在高雄復文出版的《教育隨筆》、《教育論叢》兩本專書，以及雙葉出版的中西觀點論述的《教育哲學》經典教科書，都是目前尚流通的書籍，早期出版的書籍則多已經絕版。我在高師大圖書館找到老師出版於 1968 年的《戴東原教育思想之研究》以及林語堂大師將老師的〈說戴東原的知情合一主義〉文章收錄於書中的那本《無所不談合集》等兩本書，後者還

德；6.話生命；7.談婚姻；8.看愛情；9.宜教養；10.營健康；11.好做人；12.真開心；13.享自由；14.常知足；15.迎老化；16.納挫折；17.別苦痛；18.面死亡；19.喜忘記 or 莫忘記；20.道別離。

是在高師大罕見圖書室找到的，當下迸出「如獲至寶」的喜悅。而《老子教育思想之研究》在圖書館已找不到實體書了，感謝師母拍來封面！此外，教育系完整保存早期的《教育學刊》，可以借出掃描老師發表的學術論文，因此得以彙集此篇。從呈現的幾本專書封面與學術論著舉隅，可以管窺老師學貫中西的學術思想、學養功力與生命智慧。「演講稿舉隅」彙篇中，共收集老師五十餘篇不同主題的親筆手寫演講大綱，每一份均仔細記載邀請單位與日期，少數主題應該是當時的重要教育議題，因此分別在不同單位講說，老師也會一一備註，如此推估其他未留下大綱的演講場次，幾十年下來應邀的演講，應該累計高達幾百場次（與主題）。從老師的演講大綱手稿，不僅能夠欣賞到他蒼勁灑脫的硬筆書法之美，也從每一篇講題大綱的綱舉目張、精闢見解、以及兼具學理、道理與情理的思想脈絡與備註經典或實例的細緻用心，深刻看見老師信手拈來的文采泉湧、智慧盎然於目前，彷彿讀者也親自置身於每一場精彩的講說場景中，簡直要令人茅塞頓開、幡然領悟一般地法喜充滿！「手寫隨筆舉隅」彙篇中，收集了老師用簽字筆、原子筆與毛筆等所書寫或摘錄的經典佳句、或隨筆抄寫、或自己創作的中英文詩句或譯作、或札記感言等等文字，每頁上的字句文章，也帶領我們進入老師深邃的哲學智慧、慈悲情感、詩意的文采，以及賞心悅目、極富藝術價值的書法墨寶天地之中！在「發表文章舉隅」彙篇中，主要以老師長年為報紙『澄清湖畔』與『筆端』等副刊專欄發表之時事評論與教育議題見解的剪報為主，我們可以想像早期都用稿紙手寫文稿的年代，老師在教學研究之餘仍勤於筆耕，宣揚教育理念、人生哲學與生命智慧，長年累月啟發社會大眾，功在社教，貢獻卓著深遠。「墨寶」彙篇中，我們欣賞到老師瀟灑自如的書法藝術造詣，其中老師書寫的〈蘭亭集序〉，宛如王羲之親筆再現！還有老師慨贈給他從事教職至退休所服務的高師大教育系的〈赤壁賦〉與〈岳陽樓記〉大幅墨寶，一直是教育系的珍貴文物。還有各式佳句墨寶、以及於丙戌年（2006 年）退休那年親送給系上同仁學生的一幅幅書法禮物，非常用心貼心地因其人因其名而題字，不僅墨寶珍貴，老師細緻關照與期勉之真情深意，更是令人感銘五內。最後，「附錄」篇中，有非常珍貴的訪談錄音文字紀實，再再真切流露出老師一生高風亮節與「未忘初衷、不變隨緣」的赤子之心；還有與學生同事、家人親友之間的書信與聚會場合的相片留影等等，點滴雪泥鴻爪，情誼真切自然、彌足珍貴！

從上述概說本書內容中，仍不禁油然再總結三點我的感想：我看見老師治學嚴謹有成，更靈活貫通文史哲，乃至藝術美學等生活品味；老師的思想學說與文章書法，不僅提點了古今「士」、「讀書人」、「知識分子」的「應然」，更「實然」地展現出那樣的學養風範；老師有清晰的睿智哲思，也有本真高潔、自然純真的赤子情懷，自在一如展現溫潤慈愛的人情關係。很榮幸與感恩我能夠接在楸萍接近成書的成果之下加入編輯工作，更感謝師母給予溫暖的鼓勵與指點，還有師母珍貴的序言，如果沒有師母後續提供許多她珍藏的老師的文字、書法以及寶貴的相片等等，我與楸萍可能只能做到盡量彙整出骨架，是師母的靈犀、智慧與品味，才能把這本書的溫潤醇厚的內涵與純然生氣的靈魂散發出來，讓人品味再三，餘韻嬝繞！

再問，為何我能榮幸參與？呼應楸萍編序中說可能過去生就曾是老師的學生，或許我曾是路過學堂的凡夫卒子，有緣聽聞鴻儒老師智慧音聲言說，換得此生不僅大三（約 1984 年）求學時期能在老師中國教育史課程中開啟一點文史哲素養，以及後續的福氣緣分。老師又是我們大三導師，曾邀請同學們到坐落於四維路上、有老師親自題字的「書香大廈」中的老師家，依稀猶記當年師母熱情款待、老師撥放他們在國外拍攝的名勝風景幻燈片…，拓展了我們的國際觀與出國的想像。1987 民年我再回母校就讀研究所，老師剛好再次負笈美國攻讀博士學位，無緣修老師在研究所開授的課程。研二時我考上高考，乃申請展緩實務訓練，在恩師黃正鵠教授（研一時的所長與研二時的教務長）指導下於 1989 年完成碩士學位，差一點就到教育部高教司服務，承蒙當時的張壽山校長囑我留校「察看」，在當時的主秘孫益祥老師與總務長蔡國彬先生指導之下，擔任總務處文書組暫代主任實務訓練，以取得高考正式證書，後於 1990 年 9 月繼續攻讀博士學位，轉為通識中心助教繼續兼任文書組主任，之後也才能有機會約於 1991 年 7 月開始一邊進修、同時轉任老師擔任教育學院院長時的院秘書，直到老師於 1995 年 7 月卸任，這期間我又有幸在恩師黃正鵠師以及謝季宏師的指導下，在 1995 年 6 月完成博士學位。老師公務之餘，總是安安靜靜讀書，身為老師的學生與任內擔任最久的院秘書，我非常感恩與珍惜這樣殊勝難得的緣分，耳濡目染之下，慢慢學習領悟生命智慧與生活品味，更有幸薰習一點點老師待人接物處事的純真自在。認識我先生也可說是老師適時關心所促成的，又也如楸萍編序中提到的，我們家兩個女兒和他們家孩子一樣有幸獲贈老師送的加拿大楓葉圖案的兒童 T 恤，我女兒還暱稱老師是「加拿大師公」，2014 年暑假我們全家美加之旅，第一站就是到溫哥華老師師母家，受到他們溫暖款待，連孩子都說將來還要再「回去」看爺爺奶奶…。2018 年與楸萍全家拜訪老師師母之後，我們也就「賴（line）上」師母、以及比較常跟老師師母用 line 通話，感謝他們給我的「個別教導與關心」，老師告訴我這是「有緣」！誠然，真是「生命中沒有巧合」，是我們一家人的有緣榮幸！

末了，除了前述的感恩老師師母的教導、關照與愛護之外，要謝謝楸萍與我相通的想法與合作，謝謝國彬總務長與高雄復文圖書出版社麗娟經理的專業協助，感謝好幾位師長同仁提供老師當年贈送的墨寶原稿、系辦公室玲婉助教請專業同仁拍攝老師〈赤壁賦〉與〈岳陽樓記〉大幅墨寶與難得的合影相片，感謝余嬪教授提供的與老師對談的音檔與相片，更要特別感謝前高師大校長正鵠恩師早在楸萍編輯本書初稿時就寫好寶貴溫馨的序言，讓我們更加了解光甫老師的學養、才華，以及他們之間真摯可貴的情誼。最後，要引用老師書中一篇〈談生命教育〉文中詮釋《簾後》這首歌中的歌詞－「最初的心是守在簾後，安安靜靜的寂寞。當繁華褪盡，誰的痴誰的怨，皆不過風煙一抹。」老師說：「人生的痴怨愛戀，到頭來，也總歸於寧靜。人來是空、人去也空，可是在活的時候，卻是生命充實、悲欣交集。」老師也提出生命教育的內涵是「慎始、持中與臨終教育」，說明生命的開始、維持與終結的過程及各個階段的道德修養，更提出吾人需要「文學、哲學與歷史」三種知識來充實與提升生命的內涵與境界。老師一生之學、思、行，正如他這篇文章所寫的真實展現，他自己正是生命教育的至高典範！又，老師延伸馮友蘭《新原人》書中提到的人生境界的發展，光甫老師的生命境界已然達到文中所述的「超越是非、善惡、死生、美醜、群己、物我的現象區分，到達道通為一的境界」了！

僅以此文，獻上對光甫老師無盡的感謝與祝福…。

謹誌於 2023 年癸卯兔年大年初五

著作書籍舉隅

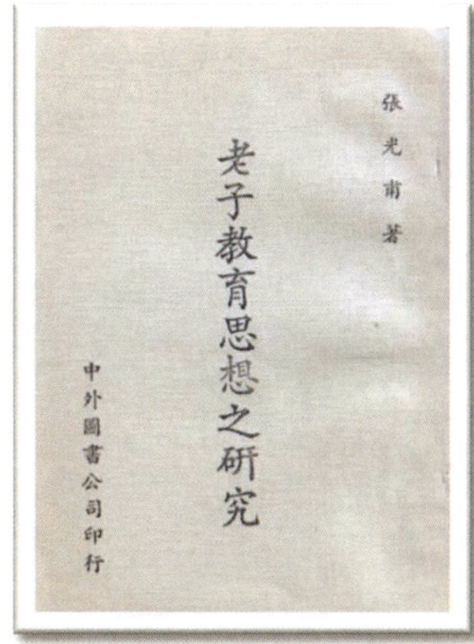

老子教育思想研究

教育論叢

教育隨筆

教育哲學（二版）

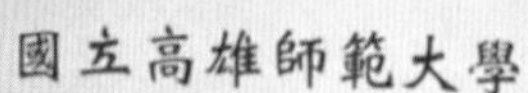

Department of Education
National Kaohsiung Normal University

諸位敬愛的朋友：

元月十四日，對我而言真是一個美好的日子，充滿理性的問學、溫馨的友情、衷心的祝福，和你我之間人生善緣的交會。

內人和我在此敬上誠摯的感謝，
謝謝你們送我貴重的禮物，好時時銘記；
謝謝你們參加惜別聚餐，好細細回味；
謝謝你們偕伴攜子遠道而來，好欽羨天倫之樂。

我可敬的校內同仁、我可信的教育精兵，和我可愛的青青學子：
謝謝你們蒞來共享一段人生喜悅的饗宴。

奉上拙作《教育隨筆》一冊，敬請指教，

順頌

新春大吉

張光甫 鞠躬

2006.元.20

802高雄市苓雅區和平一路116號
116, Ho-Ping 1st Road, Kaohsiung, Taiwan R.O.C.
TEL: 07-7172930 ext. 2151, 2152, 2153, 2154, 2155
FAX: 07-7114532
E-Mail: tb@nknucc.nknu.edu.tw

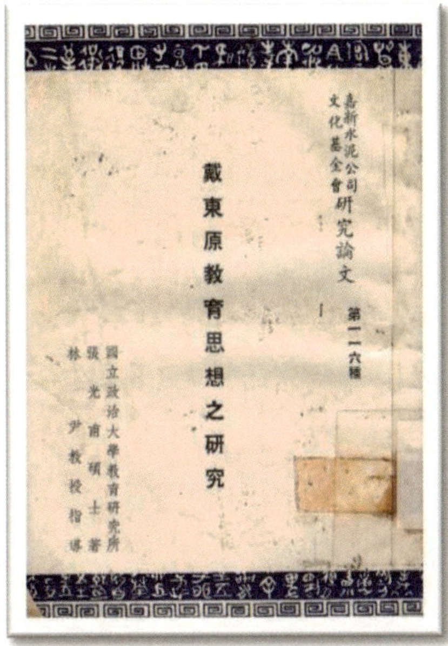

戴東原教育思想之研究

前言

中國近來倡言中華文化復興。這種文化復興運動，用歷史的眼光來考察，有它特殊的意義。早在二百多年前，清代漢學大復興的時代，就可說是一種文化復興的運動。當時的學者用實事求是的治學方法和精神，去考訂古經的眞僞，對古[?]的精神[?]作新的認識和評價。無疑的，戴東原是這一運動的健將，也是唯一有哲學思想能作中華學術承繼的人。五四運動的新文化建設，因受西洋學術思潮的激盪，用科學、民主、自由爲武器，再一次評估中國固有文化的價値，雖然破壞多於建設；但它也曾帶給人們以新的眼光，帶引人們走向建設新哲學的正途。所以現在的中華文化復興應在承接上兩個運動的餘緒，作中西思想的融貫，以建設中國本位哲學爲鵠的。

中華文化復興運動，是在五十五年十一月十二日 國父一百誕辰正式展開。在這不久以前，林語堂先生曾在各大報紙發表的：有「說戴東原斥宋儒理學」、「說西洋的理學」、「論情」、「論孔子的幽默」、「再論孔子近情」等一系列的文章，後來陳立夫先生的「四書道貫」一書出版，又在各處演說儒家思想，都可說是這一文化復興運動的前奏。這正是新的學術思潮萌發，風雲際會的時候。凡是中國智識份子都可覺察這一歷史演變的軌跡。

本文在撰作的過程中，得到這一運動的激發和熱心討論有關戴東原的文章的出現，更加深對戴東原在中國學術思想上地位崇高的肯定，也益發精研東原哲學思想的眞價，及對教育上應用的重要。雖然作者對歷史、哲學、甚至教育的素養都很淺薄，但於思想的敍述與貫穿、資料的選擇與排比、行文的清楚與效果，都謹守東原「實事求是」的治學方法，不作主觀而籠統的論斷，只作客觀而周備的審察，雖力有不逮，實心嚮往之。

本文共計九章，第一章緒言，可說是本文的方法論，說明撰作的動機以及材料、方法的運用。傳略一章，在敍述東原的生平，思想萌發的時代背景和影響他的學界諸先輩。[?]一章是東原的形上學，在討論道的實質和天道、

前言 一

戴東原教育思想之研究 二

人道的區分，並說明道的生息與分限二種作用。理說一章，在剖析東原對理的見解和類別，及理如何獲得，理與欲與意見有何差異的問題。東原斥宋儒說理的不當也在此章闡見。性說一章，先說明性的內涵和性中的知情欲三種心理作用。其次討論性善的證據及人與獸的差異所在。再敍說智愚與善惡行爲的關係。以上三章偏重在哲學的敍述，是教育的理論基礎。教育目的說，根據性說而來，說明人受教育的效能及教育目的在明知成德。道德教育說一章，在說明道德行爲的發生，並闡揭東原知情合一的理想道德和積極的人生修養。教育方法說，在討論教學的內容及程序，並標榜實事求是的治學方法，強調精審與實化的重要。結論在貫穿東原思想，並探討它應用在教育上的時代意義。最後附錄兩篇：第一篇「說戴東原的知情合一主義」一文，曾登在中央副刊，本是受林語堂先生「論文藝如何復興法子」一文的感觸而發；也可說是作者對東原思想一種較持平的看法，既不同意梁任公所說，東原欲以「情感哲學」代「理性哲學」；也不主胡適之先生所說，戴學全是一種理智主義的態度。附錄第二是以東原生平爲主的年代對照表。在這個簡表中，可以看出清代的重要文字獄，與東原同時代的西洋學者的生卒年代、著作、及各種科學的發明。

本文的撰成，得之於先哲和師長們啓發的，實在繁多；得之於自己創獲的，實在稀少。在撰作行文的時候，不禁常常追思梁任公在民國十二年，爲戴東原—這位被任公稱之爲哲學界的革命建設家—發起生日二百年紀念會、戴東原圖書館的建立，並作「戴東原哲學」的崇愛熱忱；也思念胡適之先生爲戴東原的校水經注一事作反案，所表現的學者道德的勇氣，和他對戴東原哲學推崇的用心。本文最初得現在正在美國講學的趙一峯老師的同意，定名爲「戴東原的哲學與教育」。嗣後，又經王文俊老師改定爲現在的名稱。最後承蒙所主任白如的熱心關懷，敦請師範大學林尹老師爲指導教授，對本文作悉心的指導與批閱。同時，二年以前，陳百年老師於「孔孟學說研究」班上，所給予治學的態度與方法，對本文的撰作影響極深；而最近林語堂先生在報端極力闡揚戴東原的思想，也給予本文以莫大的鼓勵。現在論文草成，「掛一漏萬」與見解平庸實是意料中事，假如有什麼可取之處，那都是師長們的指導與啓發的結果。在此一併對諸師長獻上最誠摯的謝意。

前言

戴東原教育思想之研究 目錄

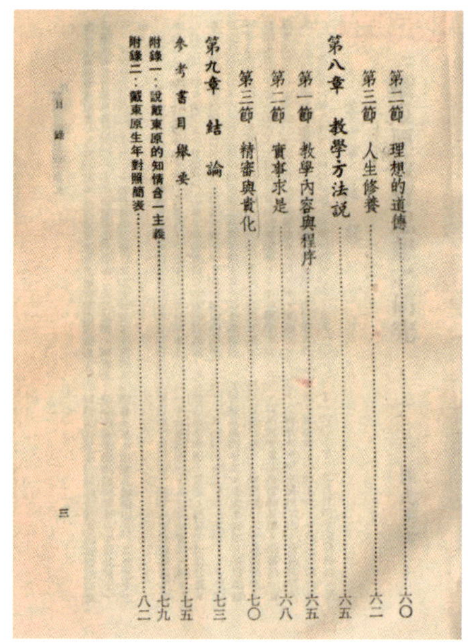

目次

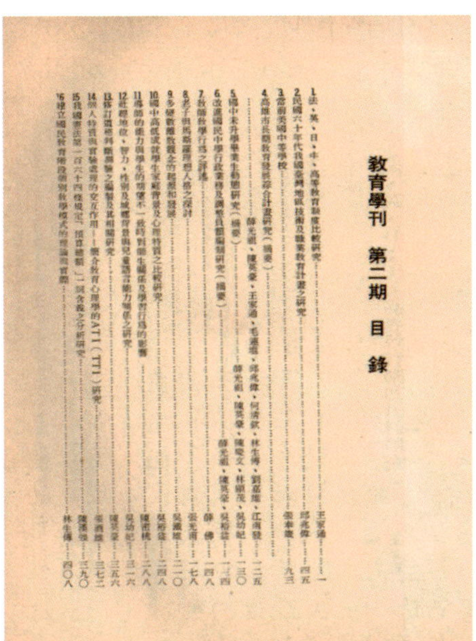

教育學刊 第二期 目錄

教育學刊 V.2（民國 69 年 9 月）目錄

260 教育學刊

老子與馬斯羅(Maslow)理想人格之探討（摘 要）

張光甫

中文摘要

234

A Study of Basic Characteristics of "The Man of Tao" of Lao Tzu and "Self-Actualizing People" of Maslow

Kuang-Fu Chang

This thesis serves two purposes: One, it reveals the influences of Taoist philosophy on Maslow's humanistic psychology which has become the third force in the field of psychology; secondly it lets those who have regarded Chinese classics as nothing but a bundle of obsolete stuffs know that an archaic well still has fresh water to be drawn out to use.

In Tao Te Ching, or Lao Tzu the book, the man of Tao and innocent child are highly praised by Lao Tzu and may be referred to as ideal characters of his mind. Metaphysically, Tao is the Way, the universal principles of existence. It is "the origin of Heaven and Earth," and "the mother of all things." It is eternal, one, all-pervasive, and absolute. Above all, it is natural. And Tao has non-action, wu-wei, as its standard. From this it is quite clear that the way of wu-wei is the way of spontaneity, to be contrasted with the artificial way, the way of cleverness and superficial morality. It is Lao Tzu's attitude toward knowledge that when knowledge and intelligence appeared, there emerged great hypocrisy. So Lao Tzu emphasizes that people should have little knowledge. With decreasing knowledge people are in a right position to know how to be content and where to stop. In other words, people live in a simple life, a life of plainness, in which profit is discarded, cleverness abandoned, selfishness minimized and desires reduced. According to Lao Tzu, the idealization of the Man of Tao and innocent child is nothing more than the idealization of the Tao or Nature itself.

In the case of Maslow, the self-actualizing people is a Being-cognizer. The word "Being" is commonly referred to the reality of universe in metaphysics of Western philosophy. If we substitute Being by Chinese expression, Tao is the exact word whatsoever.

The man of Tao has, in most part of spheres, the same characteristics which a self-actualizing people or B-lover cherishes.

There are in total fourteen characteristics of the self-actualizing people in Maslow's report, but a couple of characteristics can be regarded as a by-product of some basic characteristics to which a self-actualizing person pertains. Here are the abstracted four major

一七八

英文摘要

老子與馬斯羅理想人格之探討　教育學刊第二期民國69年，頁231-240
A Study of Basic Characteristics of "The Man of Tao" of Lao Tzu and "Self-Actualizing People" of Maslow

張光甫

中文摘要

老子是道家思想的開創者。老子哲學中「自然無為」、「清靜」、「無欲」的觀念，不但誘導了中國人的處世態度，而且在政治、社會和藝術文方面也發生深遠的影響。甚至李約瑟（Joseph Needham）還認為道家思想是統中國的科技發展之重要的源頭活水。老子生長在一個騷亂不安人人逞私欲、邦國相侵凌的社會裡，所以他立說的最大動機，在化解私欲、體察常道的自然無為。老子心目中的理想人格是能「體道」的聖人──他有似於嬰兒的樸，而又能免於愚；他有知人的智，但更能超越之而有知常的明；他獨異於人，以守道為貴。創造與獻成為他的天性，佔有與驕恃是他失道後的獲得。老子也構畫出一幅國小寡民的的理想社會，在這個社會裡生活，人人自滿自足，既無干涉也無紛爭，遊心於他自己的天地裡。

在老子二千四百餘年之後，美國人文心理學家馬斯羅（Abraham H. Maslow）在他重要的著作裡，積極地揚道家思想來參證他的人格心理學理論。尤其經他以科學方法分析後的自我實現（self-actualization）或本體認識（Being-Cognition）的人格之特質，甚至此種人格的缺點，也幾乎全然與老子所推崇的體道之士一樣。馬氏更將他心目中的理想社會稱之謂 Eupsychia，其中瀰漫著老子小國寡民的氣氛。Taoistic 這個或那個是馬氏愛用的口頭禪。他更明示一種「道家的治療法」（The Taoistic Therapeutic methods）。

本文專就老子的體道之士與馬氏的自我實現人格作一種層面的比較，旨在發現兩種人格的基本特質和理想社會，並為以後繼續尋求哲學思辯與科學實證兩種研究途徑的結果，開一門徑。就此也頓然明白「東海、西海有聖人出焉此心同也，此理同也」的道理。 馬氏曾就自我實現人格的十四種行為表徵加以說明，其中許多行為表徵似可相互歸約在另一種較基本的特徵中。為豁顯老子與馬氏理想人格的共同特徵，本文以下面四項為最基本的特質原型，作為比較說明的依據。它們是：一、富創造（Creativeness），二、獨處或心理空間（Solitude，Privacy， Psychic space），三、知常（To Understand reality is to be enlightened），四、率性自然（Spontaneity）。

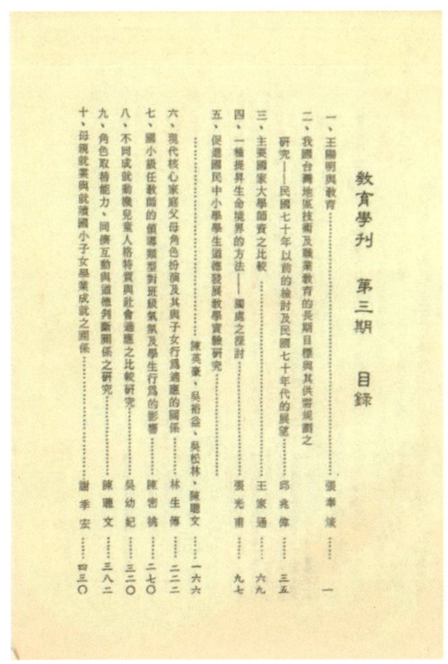

教育學刊 第三期 目錄

教育學刊 V.3（民國 70 年 6 月）目錄

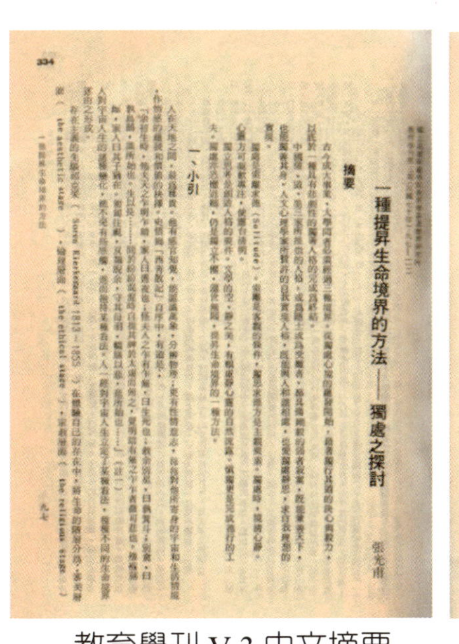

一種提昇生命境界的方法——獨處之探討

張光甫

摘要

一、小引

教育學刊 V.3 中文摘要

319

An Investigation into the Function of the Solitude— One of the Traits of the Self-Actualization

(Abstract)

by Kuang-Fu Chang

People from ancient times to the present day who achieved great deeds and great learning must have experienced three stages. The most important trait in these three stages is the attitude of solitude which goes through the whole process of human growth.

There are two major pathways to growth. One pathway is through our interaction with other human beings; the other · the route of self-discovery through solitude. Solitude does not necessarily mean going back to the neurotice loneliness of deprivation and alienation with others, but giving man an opportunity to develop himself fully and harmoniously.

The solitude is an essential component of a Chinese hermit sage and a martyr of Mohist school. It is true for all self-actualizing people of the humanistic psychology. They positively like solitude and privacy to a definitely greater degree than the average person.

It is the moments of solitude that one can easily enhance a psychic space and cultivate an egoless selfhood. An egoless selfhood would create a disinterested mind which is necessary for the creativeness of art and literature. As we know, the beauty of emptiness and tranquility of a poem fully relys on a disinterested mind of the writer. Only in solitude, one has the chance to do reflective thinking and reassure his moral conduct. The man of great deeds and great learning can be solitary, without harm to themselves and without discomfort. Just as Henry David Thoreau said, "I love to be alone. I never found the companion that was so companionable as solitude."

一一三

教育學刊 V.3 英文摘要

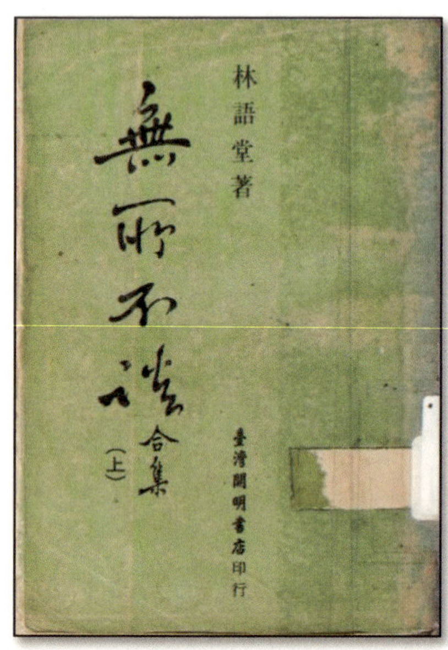

57

附：說戴東原的知情合一主義

——讀「論文藝如何復興法子」有感

張光甫

老師大作收錄於林語堂著《無所不談》

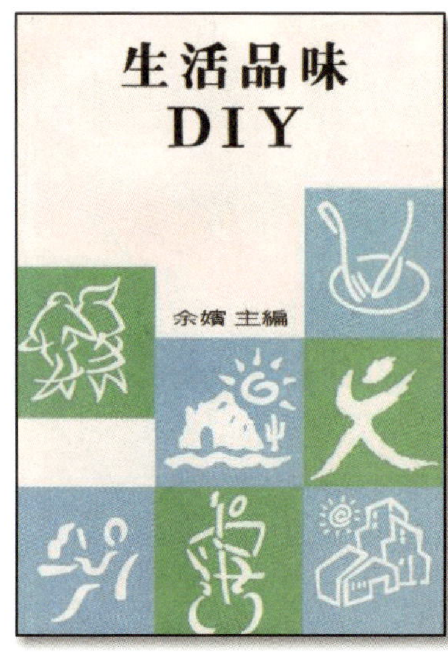

生活品味DIY

目　　錄

生活品味面面觀　1

生活品味面面觀

張光甫

每個人都要過生活，滿足食、衣、住、行、育、樂各方面的基本需求。隨著人類文明的進步，基本需求也變得品類繁富，品質優良起來。就拿「食」一項來說，人類從茹毛飲血，進步到熟食，再從熟食分化爲蒸、煮、炒、炸、燒、烤、焗、燜等等的吃法。更進一步，隨著人類心知的發展，人不僅要吃得飽，也想吃出好味道。甚至到了某個階段，食物的味道成爲次要，而盛物的器皿、用餐的桌巾與道具、進餐時的氛圍，反倒獲得食客的青睞。大多數人都會過生活，只有少數人要求生活品味的提昇，過一種有品味、富情趣的生活。

一、生活的要件

我們說人的生活，不說人的生存，語詞裡已經點出人的心理或精神的層面。同時，生活也需要從獨自一個人的生活點，擴散成爲人與人之間交往的生活面，甚至突破時間、空間的隔閡，構成立體的生活網。生活隨科技的發達，如網際網路的應用，已經多采多姿，趣味橫生了。就個

美化生活四要素－空樸慢靜　83

美化生活四要素－空樸慢靜

張光甫

一、前　言

現代都會人是相對於古早農村人來說。在一般人的心目中，農村田園的風光，自然悠閒的情調，顯出生活的美好，現代都會人住在水泥森林，匆忙地趕時間，在馬路上衝刺前進，難免在生活上顯出既不近情，也不合理的現象。

事實上，古早農村生活也有它的難處。廚廁的給水與衛浴的設備，算不上舒適，更談不到環境美化了。不過，大自然的風景常在，充裕的時間總有，寬敞的空間無數。人的功利心思淡薄，生活就會顯出閒情逸緻的美感。

無論身居都會鬧市或隱身鄉間農村，人要獲得生活的喜樂和美感，除了要具備客觀物質條件外，還要培養主觀的美感心理態度，現代都會人的生活美化，固然需要藉市政單位努力規劃街道、整頓交通、營造美的建築、推動文藝的活動等等，不過，最根本而直接有效的力量，全靠每個人在生活中實踐美的經驗。

下面從現代都會生活的主要徵象，和美化生活的主客

老師大作收錄於余嬪主編《生活品味DIY》（民國87年7月）

演講稿舉隅

國立高雄師範學院 教育學系 教育研究所
Department of Education; Graduate Institute of Education
National Kaohsiung Teachers College
中華民國 高雄市和平一路116號 電話：(07)7517161~8 轉44·45
116, HO-PING 1ST ROAD KAOHSIUNG, TAIWAN REPUBLIC OF CHINA TEL:(07)7517161~8 EXTENSION 44·45

74.4.23 高雄國小 生活教育研習會．

如何美化生活

一、前言：如何減輕生活重担。

1. 整全的人生可分 生存（吃喝……）—生活（仁義……）—生命（真善…
2. 生活介於兩者之間的之橋樑．生活與理想實然有衝突
   - 物我—心我（理想我．現實我）
   - 人—我（人際關係）
   - 人—境（環境的干擾）
3. 人終不免墜入塵網．

二、生活教育的目的．

1. 為己：重生活情趣的培養．（苦中作樂）
2. 為人（物）：重生活規範的遵守（理得心安）

總之 為一合「理」近「情」的生活．生活的真享受．

三、人的瞭解其活動為

1.（敏）感覺：感官的滿足　以飲食男女為例．
2.（敏）感情：情緒的宣洩　以社會秩序、法律為例
3.（敏）感想：意義的追求　有求事理的解決．

四、現代生活的主要徵象：

1. 忙、繁忙．知的追求．情的感官化．自覺心陷溺．

國立高雄師範學院 教育學系 教育研究所
中華民國 高雄市和平一路116號 電話：(07)7517161~8 轉44·45
Department of Education;
Graduate Institute of Education
National Kaohsiung Teachers College
116, HO-PING 1ST ROAD KAOHSIUNG, TAIWAN REPUBLIC OF CHINA TEL:(07)7517161~8 EXTENSION 44·45

2.速成：實用功利的態度，無靜觀妙趣，只求結果不重過程
容城手頭上，只是操樵前，人人思想刀斧意，不是山花映水

3.從眾：無個性、創造力。無自信心，恐懼失落，無自覺能力

五.美化生活之主客觀條件：

1.空：神閒、境寬："閒暇如室中之空隙"
Barker從社會心理學的觀點，認為理智的反應需要閒暇，緊張急迫的生活易於促使本能的反應。
莊子："宋元君將畫圖，眾史皆至……" 內是在神閒而意定
境寬之用：台糖科學養豬研究員夏良宙謂"豬舍方寸地窄就顯示神經有問題，英國倫敦動物園猿舍之例 4隻→20隻。

2.樸：素樸與繁華：梭羅之Simplicity.
"同乎無欲是謂素樸。樸素而天下莫能與之爭美，純粹純素謂之真人"
純真：列子中之安子與海鷗。　莊子：不為世俗累
質樸則無外在形式之羈絆，容事亦無心。
繁華則內心自由。
淡淡的三月天
內：無牽患，無思慮，清談，世虛偽，
外：簡單

國立高雄師範學院 教育學系 教育研究所
Department of Education; Graduate Institute of Education
National Kaohsiung Teachers College
中華民國 高雄市和平一路116號 電話：(07)7517161~8 轉44‧45
116, HO-PING 1ST ROAD KAOHSIUNG, TAIWAN REPUBLIC OF CHINA TEL:(07)7517161~8 EXTENSION 44‧45

3. 慢：和緩與躁進，從容與人的尊嚴，
宋人：勤謹和緩；林語堂倡比慢精神。
慢則重個體之生長，特殊之完成，過程中的欣愉。
"陶也不容易，凡事要火候"，教育是癡癡地等。
慢才有機會深思。

4. 靜：心靜與境清：
a. 忘內外、人我、是非、主客，歸根曰靜。
荀子"虛壹而靜"，莊子"庖丁解牛，用志不分，乃凝於神"
"萬物靜觀皆自得"，慎獨。
順事物本身之理則清靜無為。
b. 物質環境之條理，設計之自然，虛實安排之妥當。

六：結語：

我見百十狗，個個毛鬇鬡，
臥者渠自臥，行者渠自行
投之一塊骨，相與啀喍爭
良由為骨少，狗多爭不平。 寒山詩

11

國立高雄師範大學教育學系

中華民國
高雄市和平一路116號
電話：(07)7517161-8
轉 372.373.374

Department of Education;
National Kaohsiung Normal University

116, HO-PING 1ST ROAD
KAOHSIUNG, TAIWAN
REPUBLIC OF CHINA
TEL: (07)7517161-8
EXTENSION 372.373.374

Think Big 大其心志

79.10.22
人文教育學院

1. 引言：與人文學院有緣。
 ◦兩跨東西方：國文、英文系，即學貫中西。
 ◦釋 Think Big（電視廣告），張載：大其心則能體天下之物，聖人盡性，不以見聞梏其心。

2. Think Big: acronym

① Talent：天賦。
 ◦神所賦，善用之。
 ◦安於天賦：如渾沌
 ◦善用天賦：如盒子中之小花（自由之心意）
 maslow: { deficiency-motivated person 男性是也
 growth-motivated person

② Honest or Honor.
 ◦赤子之心（孟子喻），國王新衣喻，"不誠無物"。 圖形
 君子坦蕩蕩，大人者不失其赤子之心，忠於自己的感覺、感情。

I don't know the key to success, but the key to failure is trying to please everybody. — Bill Cosby.

國立高雄師範學院教育研究所

中華民國
高雄市和平一路116號
電話：(07)7517161~8
轉269

Graduate Institute of Education
National Kaohsiung Teachers College

116, HO-PING 1ST ROAD
KAOHSIUNG, TAIWAN
REPUBLIC OF CHINA
TEL:(07)7517161~8
EXTENSION 269

think Big

③ Insight or intuition. [illegible]

道隱於小成 言隱於榮華 (莊子)

"人心莫不有知，惟蔽於人欲而忘天理也"(明道)

④ Nice. 博愛之謂仁. [illegible]

I always prefer to believe the best of everybody. Kipling 英.詩人

"All's well that ends well" [illegible]

Nice to people 待人, to matter 生物.

。博[illegible] 愛其生長. growth-motivated person

⑤ Knowledge is Power

舊學—新知, 人文—科學, [illegible]

"知之為知之"態度 [illegible]

知常(容)曰明, Self-awareness

J. Naisbitt.
Megatrends 2000: Ch.7. [illegible] 8. 生物科技革命
9. 世紀末宗教熱 10. [illegible]

Dr. Samuel Johnson's injunction
"Keep your friendships in repair".

國立高雄師範學院教育研究所

中華民國
高雄市和平一路116號
電話：(07)7517161~8
轉269

Graduate Institute of Education
National Kaohsiung Teachers College

116, HO-PING 1ST ROAD
KAOHSIUNG, TAIWAN
REPUBLIC OF CHINA
TEL:(07)7517161~8
EXTENSION 269

next to acquiring good friends, the best acquisition is good books.

① Books：宋真宗 勸學詩 ; Unlike friends who never answer letters, our books always speak when we open them.

。富家不用買良田、書中自有千鍾粟。安居不用架高堂、書中自有黃金屋。娶妻莫恨無良媒、書中有女顏如玉。出門莫恨無人隨、書中車馬多如簇。男兒欲遂平生志、六經勤向窗前讀。

。不僅男兒也，今日之女子亦如是，學 Baby Boom 中之 tiger woman。有知即能強，即能有生命之追尋，手中、懷中有生命之成長喜悅。

。書有滿足肚子（物質、賺錢需求）、腦子（精神需求，怡情、生命成長）的書：

聖經、莎士比亞、Plato。

四書、老莊、六祖壇經、宋元明儒學案

余光中隨風之詩與散文、王鼎、黃仁宇 放寬歷史的視界。

。"法國人的文化消費習慣"（中國時報3/9）1973年有65%的人口每天看電視，到1988年增加到73%。兒童青少年的閱讀量減少40%，成人減少36%，工業部門減少28%，農民減少自64%，白領幹部減少36%。

不讀書：只是改用圖像或思維，使人不再沉思，致知及內在喜悅機會之喪失。

國立高雄師範學院教育研究所
中華民國
高雄市和平一路116號
電話：(07)7517161~8
轉269
Graduate Institute of Education
National Kaohsiung Teachers College
116, HO-PING 1ST ROAD
KAOHSIUNG, TAIWAN
REPUBLIC OF CHINA
TEL:(07)7517161~8
EXTENSION 269

⑦ In-depth 深思 Reflective thinking

意義追求

A celebrity is a person who works hard all his/her life to become known, then wears dark glasses to avoid being recognized — Fred Allen 美·幽默家

Life is a comedy to those who think and a tragedy to those who feel. "實習教師的明天"

⑧ God or Good 至善、道

。心中有主 (God, value system)

。ultimate concern

。追求完全、完美、完善、完成

3. 結語：人活在理念當中

國立高雄師範大學
NATIONAL KAOHSIUNG NORMAL UNIVERSITY
KAOHSIUNG TAIWAN REPUBLIC OF CHINA

80.元.5.
高市教師研習
79.12.11
中區教師研習
80.5.24

校園倫理
(教師專業倫理)

一、引言
1. 倫理本是指人對自然、人對他人、人對自己的關係、態度、行為,及其所應遵行的法則而言.
2. 聖人,人倫之至也(孟子·離婁上)

二、人的倫理——傳統倫理舉要
1. 仁者愛人.
2. 無為
3. 和合性
4. 慎獨.

三、知的倫理
1. 吾愛吾師,吾更愛真理.
2. 教師專業倫理信條
 (1)對學生的信念
 (2)對專業本身的信念
3. 對教與學的知

四、結語:你要知道真理,真理讓你得自由.

78.12.30本 @ 100

國立高雄師範大學 National Kaohsiung Normal University
教育學院 College of Education
高雄市80264和平一路116號 Kaohsiung, Taiwan 80264 R.O.C.
電話：(07) 7517161 轉 364·365 Tel: (07) 7517161 Ext. 364·365

家庭倫理與民主理念

張光甫
80.4.13.
中山國小

一、前言：由兩則廣告說起：感念與虔敬。

二、家庭倫理的中心：父親、母親、子女？

1. 父親、母親、子女的關係與態度
2. 媽媽是道：
   (1) 形上的道：衣養萬物而不為主。
   (2) 世俗的道：生產者、輔、導、助、主。

三、民主理念：

1. 平等—人生而平等 人性同
2. 公正—普遍的公道 人性異
3. 自由—責任的承擔
4. 誠實—不自欺欺人
5. 開放—大其心志
6. 自尊—天生我材必有用

四、結語：民主在平等對待、尊重生命。

Printed on Recycled Paper

送台南文化中心陳秀美小姐 06-2681163

國立高雄師範大學 National Kaohsiung Normal University
教育學院 College of Education
高雄市80264和平一路116號 Kaohsiung, Taiwan 80264 R.O.C.
電話：(07) 7517161 轉 364-365 Tel: (07) 7517161 Ext. 364-365

哲學與人生　張光甫 80.5.4

一、前言：
"未曾經過檢討的生活是不值得活下去的"—蘇格拉底
1. 人的處境：Sisyphus的故事 涿木意象(穩定—命運)
2. 人生之謎：皇帝子之謎、擇字之心

二、哲學是什麼？The Art of Wondering
1. 從希臘字源看：Phileim—to love、愛
Sophia—Wisdom 智慧
2. 反省思索或信仰的考察
3. 讓你不明白
4. 詩曰：既明且哲，以保其身
5. 減少確認事物是什麼的感知，
增加認識事物可能是什麼的知識 —羅素

三、人生之體解：
1. 自我追尋：宋、廓庵師遠的十牛圖頌

Printed on Recycled Paper

國立高雄師範大學
NATIONAL KAOHSIUNG NORMAL UNIVERSITY

College of Education
Kaohsiung, Taiwan 80264
Republic of China
TEL: 07-7517161 Ext 364-365
FAX: 07-7111980

81.8.14 / 11.9
新化高中

誠實教育

一、引言

1.由洪業、胡適、蘇東坡說起。
2.無恐懼心理，不介意獎懲。

二、誠實之提倡正反映社會現象：

1.故道滅而德用，德衰而仁義生（淮南子繆稱訓）
2.上德不德，是以有德；下德不失德，是以無德……故失道而後德，失德而後仁，失仁而後義，失義而後禮。夫禮者，忠信之薄，亂之首。（下.1）
3.大道廢，有仁義；智慧出，有大偽。（18）

三、誠實是什麼？

1.求真的態度：說出真話，道出真像。（率真而無虛偽）
2.不自欺，不欺人。（狼來了）（國王的新衣）
3.敢於表達自己的感覺、感情、感想。

子路：有民人焉，有社稷焉，何必讀書，然後為學！
孔子罵子路為「佞者」。

孔子贊同曾點之「暮春者，春服既成，冠者五六人，童子六七人，浴乎沂，風乎舞雩，詠而歸」。

P.1

國立高雄師範大學
NATIONAL KAOHSIUNG NORMAL UNIVERSITY
College of Education
Kaohsiung, Taiwan 80264
Republic of China
TEL: 07-7517161 Ext 364-365
FAX: 07-7111980

四、誠實之正負面效果：求真（說出真話）

1. 正面：求真無傷，讓"好人"讚賞、有悟。

2. 負面：求真有傷，讓"壞人"羞慚、憤怒。（指鹿為馬）

3. 中性：不附和、不盲從。

＊無傷之條件：要考慮下列因素（所謂條件）

Who：成人/小孩；食祿/平民；（童言無忌）

to whom：君子/小人；個人/群眾；男/女；親/疏。

where：情境。

when：時機。

how：技巧之運用。（張敞畫眉故事）

鄒忌諫齊威王

五、誠實之內外條件：

1. 內在條件：內在生命充實，既自信且自強。

(a)知識的力量：

知常曰明：知真理的普遍性，不受惑於短暫的現象

知自己的才能：不屈服外力，不受外界干擾。

(b)信仰的力量：真善美聖之追求。（伽利略、蘇格拉底殉道）

(c)財富的力量：免於威脅利誘，免於生存恐懼之自由。

Printed on Recycled Paper

P.2

國立高雄師範大學
NATIONAL KAOHSIUNG NORMAL UNIVERSITY

College of Education
Kaohsiung, Taiwan 80264
Republic of China
TEL: 07-7517161 Ext 364-365
FAX: 07-7111980

二、外在條件：外在法制之保障

ⓐ 法治：人權之維護、社會正義

ⓑ 專業組織：教師權、教師專業團体

ⓒ 社會風氣：功利導向／價值導向（目的）

六、誠實以「開心」為尚：— Honesty

Heart-to-heart 將心比心

Openmindedness 無成心

Nobility 高貴其心（威武不屈、貧賤不移、富貴不淫）

Eyes open 放寬視界

Say yes / no 直言無諱

Trust yourself 自信（依自不依他）

young at heart 赤子之心

Printed on Recycled Paper

P.3

國立高雄師範大學
NATIONAL KAOHSIUNG NORMAL UNIVERSITY

College of Education
Kaohsiung, Taiwan 80264
Republic of China
TEL: 07-7517161 Ext 364-365
FAX: 07-7111980

七、誠實教育的取材

1. 歷史：和氏璧、卞和、[illegible]
2. 文學：陶淵明不為五斗米折腰。
3. 哲學：老莊倡素樸生活，獨與天地精神往來，求內明不重外智，朝聞道，夕死可矣！
4. 科學：實事求是。

八、結語：自信、無懼是誠實之根本。

說陶淵明：—

欲仕則仕，不以求之為嫌，欲隱則隱，不以去之為高，饑則扣門而食，飽則雞黍以迎客，古今賢之，貴其真也

—蘇東坡

晉宋人物雖曰尚清高，然個個要官職，這邊一面清談，那邊一面招權納貨。陶淵明真個能不要，所以高於晉宋人物。　—朱子

Printed on Recycled Paper

P.4

成人教育研究中心
RESEARCH CENTER FOR
ADULT EDUCATION

83.4.1. 高市社教館

81.8.15
彰化縣立文化中心
82.12.18. 高雄
高市軍訓室教官訓練

哲學與人生

一、前言：

1.「未曾經過檢討的生活是不值得活下去的」
——蘇格拉底

2. Sisyphus 的故事、尋求意義。（觀念—命運）

二、哲學是什麼？

1. The Art of Wondering

2. 從希臘字源看：
Philein — to love，Sophia — wisdom

3. 反省思索或信仰的答案（獨斷）

4. 讓你不明白（以山水喻）

5. 詩曰：既明且哲，以保其身。

6. 減少確認事物是什麼的感知，
增加認識事物可能是什麼的知識 ——羅素

三、人生之理解：

1. 自我追尋：宋、廓庵師遠之十牛圖頌

成人教育研究中心
RESEARCH CENTER FOR
ADULT EDUCATION

三、人生之體解：

2. 理解人性：人性三感。

感覺求其暢，感情求其和，感(思)想求其明。

四、思想清明的培養。

1. 好的思考者／壞的思考者。
2. 阻礙思考的惡習：

我向好，要面子，怕變化，從眾，刻板印象，自欺。

3. 良好之思考習慣：

a. 一問三看、一事三看。

b. 圓融觀

c.「理」解、「善解」

d. 大清明——虛、壹、靜。

五、結語。

國立高雄師範大學
NATIONAL KAOHSIUNG NORMAL UNIVERSITY

College of Education
Kaohsiung, Taiwan 80264
Republic of China
TEL: 07-7517161 Ext 364-365
FAX: 07-7111980

82.1.8 / 3.8.
中山大學 台南女中
83.3.18 中正預校

「道」的輔導

一、前言：

1. Abraham H. Maslow: "The Taoistic Therapeutic Method" *The Farther Reaches of Human Nature* 1971
2. Cognition of Being, B-cognition: may be called non-comparing cognition or non-evaluating or non-judging cognition (*Toward a psy. of Being* P.75)
3. 知「常」、知「道」、知「本」——道通為一

二、「心」之執迷與「情」緒：非理性思考

1. "人何以知道？曰心。心何以知？曰虛壹而靜"(解蔽)
……虛壹而靜謂之大清明"
2. John Dewey (1916) *Democracy & Education*:
fixed habits, routine habits: unthinking habits.
3. Gilbert Ryle (1949). *The Concept of Mind* (P.39)

三、非理性思考：

1. 有為／偏倚 (無為：自覺心不偏倚在任何事物上)
2. 蔽："凡人之患，蔽於一曲，而闇於大理……凡萬物異則莫不相為蔽"(欲惡、始終、遠近、博淺、古今)
3. [illegible]

國立高雄師範大學
NATIONAL KAOHSIUNG NORMAL UNIVERSITY

College of Education
Kaohsiung, Taiwan 80264
Republic of China
TEL: 07-7517161 Ext 364-365
FAX: 07-7111980

3. 西方的非理性思考：

Albert Ellis：Rational-Emotive Therapy

a. 一個人被別人所愛與讚美是絕對必要的.

b. 不快樂由於外在環境,非個人所能支配.

c. 人應該為別人的問題和困難煩心.

d. 每個問題都應有正確完美的解決方法,否則會有災禍.

e. 有些人是壞的,罪惡的,因此必須得到責備與處罰.

4. 中國人的迷思:

a. 替天行道. b. 殺一儆百. c. 婦人之仁. d. 以燭自喻.

四、非·非理性思考　　佛法僧道

1. 觀念的釐清　不識禪師：說什麼　　語言的分析.

2. 概念的擴大. 一休禪師：背心放下嗎, 不再兩樣.

五、結語.　3. reflective thinking：虛壹而靜.

4. 文化通識. cultural literacy

右昌國中 Fax：3619022
余主任碧珍

人（男／女）性、騷、擾之概念分析

張光甫 82.10

一、引言：釋題

由82.1.5行政院勞工委員會与中華民國勞資合作協進会舉办之「工作場所性騷擾研討会」說起。藉職务压迫下属

三、性騷擾的定義：男↔女，厭惡／愉悅

1. 依据美国雇用机会平等委员会（Equal Employment Opportunity Commission）的說法：

1）不受欢迎的、带有性含義的態度和行为。

2）对被騷扰者在「性」方面要求得到好處。

3）言語或行为上的性暗示。

——引自 王焜生"谈性騷扰"查陵天地雜誌

2. 性騷扰具脅迫義，使受害者身心两傷。脅迫之不適續存

四、人性騷擾 悲欢離合 非理性思考 如善有惡報

瀛雪困境 1. 感動、情染、知思謂之騷扰。

2. 食、色，性也

1）食，向内求自滿自足；色，向外取，依他滿足。

2）食色之内外在原因：Hormone / Stimuli

P.1

揮之不去，造成情緒困擾。如蒼蠅、蚊子
→傳染疾病，則危矣！

二、騷擾何謂

1. 騷為一種刺激：形體、言辭、動作、味道

2. 擾為一種反應：身心干擾，生異常行為。

3. 騷擾使主客體身心俱疲或俱傷。
男↔女，主↔從

五、化解之道

1. 主觀因素：明心見性，去慾，正法。

2. 客觀因素：去刺激物，重環境設計

3. 文化因素：去男性沙文主義，Male Chauvinism，
重人文教育。

六、結語。

性趣小則少擾，興趣多亦少擾，則寡尤

p.2

教師專業倫理

83.2.21 高雄市
教師研習中心

一、引言：人之患在好為人師／不為人師。

二、專業的涵義。

三、教師是否能成為一种專業

四、倫理是什么？

1. 知的倫理：吾愛吾師，吾更愛真理。
2. 人的倫理：中土尚敬，西土尚愛。

五、人的倫理先於教師專業倫理。

六、教師專業倫理之信條：

1. 對學生要遵行……
2. 对專業要奉行……

七、教育專業知能

1. 对教／學的知
2. 对自己的知。
3. 对學生的知
4. 对愛心的知。

八、教師之倦怠

九、理解之道。

十、結語。

85.5.16
83.11.16.
83.3.15
屏東教师研習中心

人文主義教育的理念

張光甫

一、引言：以「人」為主，用「文」化人

二、理念：人文化人

1. 人的本相
   (1) 三种心理状態：感覺、感情、感想
   (2) 三种関係：你、我、祂(它)
2. 文的内容
   (1) 六藝、七藝 三R
   (2) 文化通識：人文学科、社会科学、自然科学
3. 化的方法
   (1) 基本能力培養
   (2) 敏銳的感覺、同理心、反省思索
4. 人的理想
   (1) 身心平衡
   (2) 人際和谐

P.1

三、哲學家的觀點

1. 孔孟：仁，愛人；仁也者人也。
2. 老子：聖人常善救人，故無棄人。
3. 懷德海：教育的節奏。
4. 馬丁巴柏：我與汝
5. 博藍霓：默會之知

四、心理學家的觀點

1. 皮亞傑的認知發展
2. 郭耳堡的道德發展
3. 馬斯洛的自我實現

五、派代亞教育宣言

1. 信念：人人皆能學，天下無不可教之人。
2. 課程：人人皆受同一課程
3. 教學：知識、技巧、情意共學

六、結語：以人養人。

國立高雄師範大學
NATIONAL KAOHSIUNG NORMAL UNIVERSITY

College of Education
Kaohsiung, Taiwan 80264
Republic of China
TEL: 07-7517161 Ext 364-365
FAX: 07-7111980

台南西门国小 06-2229584
黄蕙花主任，「生活之美」研习会
張光甫
於 83.3.17 台南師院

美化生活

一、引言
美乃是一种平衡与和谐。

二、现实生活中失衡的徵象
1. 繁忙　2. 功利　3. 從眾　4. 失序

三、人性的三种心理活動
1. 感覺求滿足
2. 感情求和谐　平衡也
3. 思想求合理

四、人生的三种関係
1. 我—祂·它
2. 我—汝
3. 我—自己

五、美的形容：　人的兴趣：
Practical ~
1. 美基於人性的需求：　Theoretical —
审美兴趣 interest in apprehens
2. 美是一种主観無欲求的愉悅」。

Printed on Recycled Paper

P. 1

3、美为一种关係，即心与物间的一种和谐关係。

4、美为事物本身的性質。

六、生活中的美感经驗

1. 经驗的统一。

2. 心境的自由："心境愈自由，愈能美地享受" 海德格

3. 本質的把捉：專注、凝神。

七、美化生活的主客觀條件

1. 空：神閒、境寬　台糖科学研究所研究员夏良宙谓"发现宇宙现象显示"神经"有问题，英伦敦[illegible]……庄子"宇之居惟道同……" 4~20

2. 樸：素樸与繁華——赤子之心。

3. 慢：和緩与躁進

4. 靜：心靜、境清　居家安排之要素。

八、结语：「充實之謂美」。尽心下

國立高雄師範大學
NATIONAL KAOHSIUNG NORMAL UNIVERSITY

College of Education
Kaohsiung, Taiwan 80264
Republic of China
TEL: 07-~~7517181~~ 7172930 Ext 364-365
FAX: 07-7111980

說心／新

張光甫
83.10.21
光華國中、成長[illegible]

一、引言：
　　最初的心

二、心的活動
　1. 跟著感覺走
　2. 悲歡離合總無憑
　3. 見山是山，見水是水

三、心的習慣
　1. 有為／無為
　2. 好／壞的思路者

四、心的自由
　1. 「理」解
　2. 「圓」觀」

五、結論：「天地始者，今日是也」

Printed on Recycled Paper

致台南西門國小黃總務主任麗花 06-2216889

國立高雄師範大學
NATIONAL KAOHSIUNG NORMAL UNIVERSITY

College of Education
Kaohsiung, Taiwan 80264
Republic of China 7172930
TEL: 07-~~7517161~~ Ext 364-365
FAX: 07-7111980

生活美學

張光甫
84.6.10 台南文化中心

一、前言：由兩本書說起：

1、林語堂：生活的藝術

2、黛安·艾克曼：感官之旅

二、人生歷程

1、生存—生活—生命

2、生活之困境：

1) 理想我—現實我

2) 人—我（人際關係）

3) 人—境（環境污染）

3、生活之目的：

1) 為己：苦中作樂

2) 為人：理得心安

3) 為物：萬物靜觀

三、游於藝：

享受、悠閒、美感。

Printed on Recycled Paper

國立高雄師範大學
NATIONAL KAOHSIUNG NORMAL UNIVERSITY
College of Education
Kaohsiung, Taiwan 80264
Republic of China
TEL: 07-7517161 Ext 364-365
FAX: 07-7111980

四、美的由來：
1. 自然美—人為美
2. 天君—天官
3. 主觀—客觀

五、美的形容：
1. 「美」是「善」觀念的肖像
2. 部份與總体的和諧
3. 美歸諸於感覺的「卓越」與「嚮往」
4. 合理近情
5. 充實之謂美

六、美的獲得：
1. 感情移入
2. 心理距離
3. 無関心態度、無我
4. 閱讀養心
5. 感官訓练
6. 模仿與創造

七、结語：宇宙之美寄於生命、生活之美形於創造

哲學、文學的輔導功能

張光甫

一、引言：人生是悲欣交集　長華中學
84.8.29

二、哲學是思的反省

1、人活在觀念當中

2、人的覺醒

三、文學是情的蘊發

1、表現理論／決定理論

2、文學之功能：殺人井、《[illegible]》、《想》、《[illegible]》
《城北地帶》

四、輔導：

讓人恢復本來面目；
讓人建立自信。
讓人生長為善。

國立高雄師範學院教育學系

中華民國
高雄市和平一路116號
電話：(07)7517161~8
轉273、274、275

Department of Education;
National Kaohsiung Teachers College

116, HO-PING 1ST ROAD
KAOHSIUNG, TAIWAN
REPUBLIC OF CHINA
TEL:(07)7517161~8
EXTENSION 273.274.275

生活的哲學、哲學的生活

張光甫

84.12.9
成教中心
84.12.16
台南安順國小

一、引言：

二、哲學的生活

1. 哲學是什么？

反省思考，尋求意義，綜觀全体．

2. 十牛圖頌．

三、生活的哲學．

1. 人生的實然

2. 生命的境界

3. 生命的歷程．

四、作一個生活哲學家

1. 作一体驗、實踐．

2. 生活是活着，哲學是看透

3. 君子坦蕩蕩：

凡事捨得、忘記；了死生，泯是非，同善惡．

五、結論：君子寓意於物．

致：劉主任

038-360021

校園倫理面面觀

85.4.17

張光甫
花蓮女中

一、引言：

1、由「打手心」說起

2、德山棒、臨濟喝

3、人是有情 生態和有感

二、人的倫理——好人

1、信念或原則：誠、敬、宏、遠／勤、謹、和、緩

2、校園中的人際：家庭、學校、社會／家長、學生、教師

3、校園的重心：學生對教師／生活對書本

三、知的倫理——好學

1、態度：知之為知之／知不知，上

2、教育與灌輸

3、誰在教，誰在學

4、教／學的情結：權威對自由／紀律對個性

四、結語：

學校生活是家庭生活的延續

校園是我家的另一個空間

07-8033714
高雄市教師研習中心
陳惠萍小姐

85.6.12 中督
85.4.22

教育行政主管的基本素養

張光甫

一、引言：管「人」有道理、管「事」有條理。

二、釋題：
1、教育是引出、覺人、
2、行政主管是引導者、管理者、溝通者。
3、基本素養面面觀

三、有效的管理：
1、一分鐘管理秘訣。
2、向下管理／向上管理。

四、主管2000年世代：
1、解決世界困境的三大工具
2、「遠見」未來　二月號：1996年秋季不敗系列，戰後嬰兒潮邁入中年
3、縱觀「天下」　二月號「清華集」
4、掌握「時代」　E.Q.
5、反省「歷史」　仕與隱，民粹主義，西化中國，

五、十面素養：
1、Robert M. Hutchins 的行政主管特質
2、宋人為官四字訣：勤、謹、和、緩
3、生活四喜：空、樸、慢、靜
4、慎始與臨終

六、結語：做事有理、為人無[illegible]

趣

致協同中學
黃淵泰主任 05-2200551

人的輔導

85.4.24 協同中
張老師

一、引言：人是裸猿。

二、人的三种心理活動：

1. 感覺、感情、感(思)想
2. 悲欣交集的人生

三、「理」解「情」结：

1. 大凡一种知识/信仰即可成為一种理。
2. 明道、正覺、見性、成人。

四、哲學是理的反省

1. 人活在观念中
2. 心知的覺醒

五、文學是情的昇華

1. 淨化与昇華
2. 文学作品舉隅。

六、結語：理情中和。

※《裸猿》李廉鳳譯 純文学出版社，民60。

致花蓮高中　　TEL: 038-233363
姜明義主任　038-235776

哲學與文學的輔導功能

85.4.25.
張光甫

一、引言：

1. 悲歡交集的人生
2. 理解情結

二、輔導的功能

1. 明道：顯明自然之節奏
2. 正覺：淨化人性之情欲
3. 見性：省察人生之真相
4. 成人：尋求人心之安頓

三、哲學重理的反省

1. 人活在理念當中
2. 心的覺醒

四、文學重情的蘊發

1. 表現理論/快感理論
2. 淨化與昇華

五、結語：理情諧和、樂莫大焉.

Fax: 3366308 社会大學

國立高雄師範大學教育學系
Department of Education
National Kaohsiung Normal University

中華民國
高雄市和平一路116號
電話：(07) 7172930-69
轉372.373.374.376.377
傳眞：(07) 7114532

116, HO-PING 1ST ROAD
KAOHSIUNG, TAIWAN
REPUBLIC OF CHINA
TEL:(07)7172930-69
EXTENSION 372.373.374
FAX:(07)7114532

生活四喜—空、樸、慢、靜

張光甫 85.5.30

一、生活四個方面：

1、人與神（自然）的關係—敬天
2、人與他人的關係—淡人、畏人
3、人與物的關係—惜物
4、人與自己的關係—知己

二、四煩：擠、雜、急、躁

三、四喜：空、樸、慢、靜

四、十二不（勿）：寧簡勿繁等，少一多、小一大、緩一急、真一偽、拙一巧、低一高、捨一得、忘一記、缺一盈、貧一貪、淡一濃、簡一繁。

五、結語：君子坦蕩蕩。

致社会大學 ~~2342000~~ 3366308

國立高雄師範大學實習輔導處

Office of Student Teaching & Development
NATIONAL KAOHSIUNG NORMAL UNIVERSITY

學生實習組
TEL:07-7172930 轉 1451-2
Fax:07-7115127
就業及教學輔導組
TEL:07-7172930 轉 1453-4
Fax:07-7114784

做人或做事，孰重？　張光甫
85.10.3. 社会大

一、前言

二、做人與做事的四象限

三、破幾种偏見

1. 好事多磨　2. 多做多錯，不做不錯

3. 好人被人欺　4. 能者多勞

四、做人處事的理想——人和、事順

1. 前提：人少事简 VS 人雜事繁

2. 人的交往：愉悅 VS 糾結

3. 事的交接：合作 VS 對立

4. 原則：明道守義／明心見性

五、處世之道

1. 邦有道：見，危言危行；

2. 邦無道：隱，危行言孫；

六、結語：

Printed on Recycled Paper

致社会大学 宋小姐
3366308

國立高雄師範大學實習輔導處
Office of Student Teaching & Development
NATIONAL KAOHSIUNG NORMAL UNIVERSITY
學生實習組
TEL:07-7172930轉1451~2
Fax:07-7115127
就業及教學輔導組
TEL:07-7172930轉1453~4
Fax:07-7114784

太初有道 張春甫 85.11.7.

一、引言：
道是萬物生成變化的總原理。

二、道的形容
1. Word. Logos.
2. 率性之謂道 —— 中庸
3. 道可道，非常道 —— 老子
4. 一陰一陽之謂 —— 易傳

三、道在那裡？
1. 道也者不可須臾離也 —— 中庸 「担水砍柴無非妙道」
2. 无所不在……在屎溺 —— 莊子
3. 道成肉身 —— 约翰福音 1.14.

四、道與萬物的關係。
1. 道生一、一生二，二生三，三生萬物 —— 老子，衣養萬物不為主。
2. 形而上者之謂道，形而下者之謂器 —— 易傳
3. 一切都在分受「善本身」 —— 柏拉圖。

五、道的功能。
反者道之動，弱者道之用 —— 老子。

六、结语：知道明理，可以樂觀。

Printed on Recycled Paper

To. 社会大学 3366308. 傅小姐

國立高雄師範大學實習輔導處
Office of Student Teaching & Development
NATIONAL KAOHSIUNG NORMAL UNIVERSITY

學生實習組
TEL:07-7172930 轉 1451~2
Fax:07-7115127
就業及教學輔導組
TEL:07-7172930 轉 1453~4
Fax:07-7114784

人貴自知 Know thyself

85.12.5 張光甫

一、引言：自知与自得

二、自知的可能与限制

1. 感官的錯覺
2. 迷思

三、知什麼

1. 心理需求
2. 人格特質
3. ~~不知命，無以為君子~~

四、如何知

1. 心理測驗
2. 常识判断

五、知与無知的好處　混沌　黃帝遊赤水北，遺玄珠　知、離朱、喫詬，象罔得之

六、结语：不知命，無以為君子

Printed on Recycled Paper

宗教與人生

86.元.9 中文班
R.1506.

一、現象描述：
中台禪寺、宋七力、妙天、清海、太極門……

二、宗教經驗：人心不安／人心安頓，人性之極限：故求三不朽，天國，涅槃

三、宗教的形式義：禮儀、教堂、信徒、規誡（誡律）、教士僧侶、經典、信仰。

宗教的實質義：人與神的聯繫。
宗教是個人對他自己的孤寂性之作為。
「宗教是一群人共有的任何思想體系與行為，它給人一种行為的方針與獻身的目標。」

四、何謂「神」？
1、人的四种關係與心理狀態。
2、「人所信之神的性質，皆人之精神之客觀化於神者」
3、中西方對神話傳說之不同，則宗教思想亦異。

五、中國宗教思想之特質：（唐君毅）
1、人神之距離少：女媧補天，盤古開天闢地，日常行事皆有神。
2、祖考配享於神及神意與人意之不相違：占卜問天意，人力可轉移。
中國人重天人合德，故重內修，西人視神意為周延，須先知神意乃先知？
3、天神之富仁愛博恤之德：民之所欲，天必從之，唯德動天，無遠弗屆。
天之圓而下覆其功直貫地中，以引出植物。

六、人文宗教與極權宗教：一 盡其心，知其性，知天。
人文宗教以人和人的力量為中心，神就是人本身的力量。
極權宗教：屈服於有力的权威，乃是人逃避自己的無助與限極的方法之一。

七、「天國就在你們心裡」——信、望、愛
「人人皆有佛性」——悟、覺
「人能弘道，非道弘人」——恕、盡心
「自勝則強」「知常曰明」

八、道德規範／宗教規範，理智清明／情緒敬畏

3366308社会大学

洞穴偶像

86.元.9
社会大学

一、前言：

二、柏拉图「洞穴」的比喻

1.「善」的观念

2.观念世界或本体界／感官世界或现象界

3.真知／意見

三、培根的四种「偶像」

1.种族、洞穴、市場、劇場偶像

2.知识即权力

3.新工具——归纳法

四、洞天与洞穴

1.静修之地——内求

2.封闭之所——外观

五、结语

Fax: ~~3366308~~
3367416

大其心志

86.3.6
社会大學

一、引言：

1、人何以知道？曰心——荀子

2、大其心，則能体天下之物——張載

二、心的習慣

1、習慣的形成

2、好的思考者／差的思考者

3、阻礙心思清明的惡習，

三、心的執迷

中西非理性思考舉隅

四、心的博大

THINK BIG

五、结语：苟日新、日日新、又日新。

社会大学 3366~~6308~~ —7416

國立高雄師範大學實習輔導處
Office of Student Teaching & Development
NATIONAL KAOHSIUNG NORMAL UNIVERSITY
學生實習組
TEL:07-7172930 轉 1451-2
Fax:07-7115127
就業及教學輔導組
TEL:07-7172930 轉 1453-4
Fax:07-7114784

尋求意義

86.4.10
張光甫

一、引：

1、Sisyphus的故事

2、參透「如何」才能迎接「任何」

二、釋：

1、實在（Reality）：自然／人文。

2、人生（Life）諸相。

3、意義（meaning）：事物—語言—詮釋

三、用：

1、意義似以網，字与數的組合。

2、功用：分辨環境中的人、事物；自我導向。

3、意義的時間性：流行語·慣用語·成語·諺語，俗語

4、意義詮釋与情緒。

四、結：大地山河唯心（意義）所造。

致 東華人發中心 3422142 劉先生

國立高雄師範大學實習輔導處
Office of Student Teaching & Development
NATIONAL KAOHSIUNG NORMAL UNIVERSITY
學生實習組
TEL:07-7172930 轉 1451-2
Fax:07-7115127
就業及教學輔導組
TEL:07-7172930 轉 1453-4
Fax:07-7114784

人生意義

張春甫
86.4.28
人發中心

一、引：
1. 人生、人「生」
2. 「士生於世……」
3. 参透「為何」才能迎接「任何」

二、釋：
1. 實在（Reality）：自然／人文
2. 人生諸相：人乎？裸猿乎？
3. 意義（meaning）：事物—語言—詮釋

三、用：
1. 意義似網：字與數的組合
2. 功用：分辨環境中的人、物、事；作為導向
3. 意義的時間性
4. 詮釋與情緒

四、結：大地山河唯意義所造

Fax: 3367416 社会大學

國立高雄師範大學實習輔導處
Office of Student Teaching & Development
NATIONAL KAOHSIUNG NORMAL UNIVERSITY
學生實習組
TEL:07-7172930 轉 1451-2
Fax:07-7115127
就業及教學輔導組
TEL:07-7172930 轉 1453-4
Fax:07-7114784

以情絜情

張光甫
社会大學 86.5.1

一、引言：
《世说新语》王戎喪子
李黎《悲懷書簡》

二、情绪的内涵：情绪是個体受到某种刺激後，所產生的一种激動狀態。

三、情绪的發展与學習。

四、情绪的表象：
愉悦、温柔、自在、抑鬱、焦慮、罪感等。

五、情绪表現的方式：
1. 立即表露
2. 克 制
3. 壓 抑

六、情绪與健康人格
求其本來面目：坦誠面對、自由表出

七、结语：明理、化情、導欲、利物

Printed on Recycled Paper

媽媽是道

張老甫
86.5.21 龍華國小
媽媽成長團体

一、引言：由好說起.

二、女子好

1. 土地婆之仁.
2. 無才(財)便是德／有才(財)便是得

三、媽媽是道.福、叨、導、倒.

1. 生命所從來——生產者
2. 望子成龍——加工者

四、媽媽的多角經營

1. 關係網：父母／公婆、丈夫／情人、子／女、自己人／外人.
2. 心態：孝心／戒心、愛心／防心、耐心／關心、虛榮心／責備心.

五、慈悲喜捨心.

1. 重人輕物
2. 捨近求遠.
3. 寧靜觀自得.
4. 放下執迷

六、萬般皆無奈.唯有讀書好.

開放社會中校長之管理素養

張光甫
86.5.28
高市公教人發中心

一、前言：一校之「長」

二、開放社會的特徵

1.其特色、2.我用心

三、知「學」

1.博學/學不學　2.破「非理性思考」

四、知「己」

1.裸猿、2.健康人格的特質

五、主管二千年世代

1.解決世界困境的三大工具　2.絕跡「天下」……

六、管理者的素養

1.主管之特質　2.為官四訣　3.生活四養

七、結語：觀自在

TO 民德國中 胡惠老師

開放社會中的教師基本素養

張光甫
86.7.3. 台南
～7.4. 一

一、前言：教師如佛，自覺覺人

二、開放社會的特色

1. 其特色　2. 我用心

三、知「學」

1. 博學/學不學　2. 從「心理性思考」

四、知「道」

1. 太初有道　2. 道常無為而無不為

五、知「己」

1. 裸猿　2. 健康人格的特質

六、知「情」

1. 以我之情絜人之情　2. 情緒表象

七、結語：觀自在

TO：員林高中陳韻如：04-8351453

國立高雄師範大學 實習輔導處

Office of Student Teaching & Development

NATIONAL KAOHSIUNG NORMAL UNIVERSITY

學生實習組
TEL:07-7172930轉1451-2
Fax:07-7115127

就業及教學輔導組
TEL:07-7172930轉1453-4
Fax:07-7114784

閒說生命、笑談輔導

86.10.7
員林中學
張光甫

一、釋題

閒話—生命無奈

笑談—輔導有用

二、生命的糾結

1. 情染：蓮花水色
2. 習慣：墨守成規
3. 迷思：單一思路

三、糾結的「理」解

1. 哲學的解：啟智
2. 文學的解：化情
3. 宗教的解：傳道
4. 科學的解：明理

四、結語：日日是好日，時時得開心。

Printed on Recycled Paper

恒春工商
郭德川 主任輔導教師
Fax: 08-8896396

大其心志 張光甫

87.12.10
87.12.17
电力公司高雄訓
88.6.7
电力公司 ——

一、前言：
1、你是誰
2、宇宙即吾心
3、從心所欲

二、心的纪律与自由
1、内在規律与外在限制
2、好學

三、大其心、体天下之物
1、知天賦　5.求知识
2、守靜篤　6.廣閱讀
3、重想像　7.好深思
4、揚博愛　8.祈至善

四、结语：君子坦蕩蕩

致 林宜男主任　Fax No. 7835611

大樹國中陳碧玉教務主任：6512026－16 (TEL)

國立高雄師範大學 實習輔導處

Office of Student Teaching & Development

NATIONAL KAOHSIUNG NORMAL UNIVERSITY

學生實習組
TEL:07-7172930轉1451-2
Fax:07-7115127

就業及教學輔導組
TEL:07-7172930轉1453-4
Fax:07-7114784

談生命教育

87.12.30
高英工商
大樹國中 88.3.
文山國中 88.3.

一、引言

1. 時光流逝　2. 簾後

二、人性的三种心理活動

1. 感有所覺　2. 情有所鍾　3. 思有所悟

三、人生歷程

1. 生存—生活—生命
2. 人的三种关係
3. 生命的境界

四、生命的充實

1. 理解情緒—去執
2. 眾理參照—明心

五、結語

Printed on Recycled Paper

國立高雄師範大學教育研究所

中華民國
高雄市和平一路116號
電話：(07)7172930
分機：轉368,370
369(所長)

Graduate Institute of Education
National Kaohsiung Normal University

116, HO-PING 1ST ROAD
KAOHSIUNG TAIWAN
REPUBLIC OF CHINA
TEL：(07)7172930
EXTENSION 368,370
369(Chairman)

歷史、教育、人

88.11.8
中正大學歷史系

一、釋題旨：

1. 歷史 教育(V)人
2. 人(反有)歷史—教育功能
3. 人是經驗的累積，歷史是人類經驗之記錄.
4. 教育是經驗重新組織·再造·再整合的歷程.
5. 歷史使人明白人之所由來.增加深度(Rollo May)

二、寫記錄：

1. 周策縱〈抗戰回憶·極短篇——一件豊忽視的提議〉
2. 我的學生苦居住.
3. 我的歷史留痕：
   - 1982.12.27書蘇東坡〈前赤壁賦〉
     壬戌之秋正好宋神宗元豐五年(1082)，正好九百年
   - 范仲淹生於宋太宗端拱二年(989)，1989年正好千歲，書〈岳陽樓
   - 其他.

三、明真相：

1. 春秋公羊傳："所見異辭·所聞異辭·所傳聞異辭".
2. Gorgias(483-325 B.C)：世間無物存在；即有物存在，也不能知；即能知也不能告知他人；(即告知他人，他人亦不懂)
3. Edward W. Said之欺世盜名

P.1

國立高雄師範大學教育研究所

中華民國
高雄市和平一路116號
電話：(07)7172930
分機：轉368,370
369(所長)

Graduate Institute of Education
National Kaohsiung Normal University

116, HO-PING 1ST ROAD
KAOHSIUNG TAIWAN
REPUBLIC OF CHINA
TEL：(07)7172930
EXTENSION 368,370
369(Chairman)

4.《五四新論—既非文藝復興，亦非啟蒙運動》1999.
5. 胡適《中國古代哲學史》对孔子之學的误解.

影响真相之因素：

1，主观成見，如培根之 idols
2，時空距離：無感同深受之情.
3，意识型態：有信仰之迷思.
4，資料不足徵.
子曰："夏礼吾能言之，杞不足徵也。殷礼吾能言之，宋不足徵也。文献不足故也，足，则吾能徵之矣！"（八佾九）

四、重反省 Reflective thinking.

1. "自見者不明，自是者不彰，自伐者無功，自矜者不長" 老子24
2，南方朔：〈讓文革成為思想文化的宝庫〉，《明報月刊》1999.1
3，龍应台：《百年思索》
a. 中外对照：十九世紀末的中國与維也納.
b. 古今对照：1998年六月柯林頓北京之行，
1898年九月伊藤博文訪北京与康有为之晤談.
c. 人我对照：梁啟超—胡適—龍应台.
問同樣一个問題，感同一感时憂國心情与急切.
d. 群与独对照：

p.2

國立高雄師範大學教育研究所

中華民國
高雄市和平一路116號
電話：(07)7172930
分機：轉368,370
369(所長)

Graduate Institute of Education
National Kaohsiung Normal University

116, HO-PING 1ST ROAD
KAOHSIUNG TAIWAN
REPUBLIC OF CHINA
TEL：(07)7172930
EXTENSION 368,370
369(Chairman)

五、詮新意.（需要一點想像力）

1、余英時〈說鴻門宴的坐次〉.《史學与傳統》

2、錢穆《國史大綱》說及東漢士大夫之德行：
久喪、讓爵、推財、避聘、報仇、借交報仇、報恩（急難、服喪）、清節.
其缺点为過份看重道德，道德只重个人名節、家庭、朋友，不重社会、國家整体利益.

3、李弘祺《宋代教育散論》〈公正、平等与開放〉
傳統中國社会是一个「單線社會流動」的社会.

4、蘇東坡〈志林〉說中國士子之培養途徑.

六、結語：
歷史是教育人們深思、明智的最好教材

P.3.

國立高雄師範大學教育研究所

中華民國
高雄市和平一路116號
電話：(07)7172930
分機：轉368,370
369(所長)

Graduate Institute of Education
National Kaohsiung Normal University

116, HO-PING 1ST ROAD
KAOHSIUNG TAIWAN
REPUBLIC OF CHINA
TEL: (07)7172930
EXTENSION 368,370
369(Chairman)

進步的典範

88.12.9
社会大学

一、何謂進步？
說 自然与人為，《Time》Nov 8.1999 Beyond 2000

二、何謂典範？

三、人的典範
1. 礼記．儒行
2. 傅雷．鹿橋《市廛居》

四、返本
1. 文學：人文化成
2. 哲学：反省思索
3. 歷史：教育人

五、結語

小說教育—文學中的教育理趣

張光甫 2004.2.24.

一、釋題：
1. 小說教育 2. 小說/大說
3. 小說為文學的一種表現形式

二、文學、哲學、教育三重奏
1. 哲學讓人不明白
2. 教育教人明白
3. 文學使人明白的材料

三、人是表演者、也是指揮
1. 人的三感：感覺、感情、感(思)想
2. 人的詮釋：哲學家、宗教家、科學家……的說法

四、人的成長—生命交響曲
1. 教育似生長、似啟導/啟蒙
Education as Growth, Education as Initiation
2. 文學中的青少年
3. 人吊在時空的十字架上
4. 〈杜子春〉〈我在〉〈地道〉〈前途無量〉〈欠缺〉
〈命運的軌迹線〉〈三生石上〉〈蓮花水色〉
〈封鎖〉〈西布羅諾威〉

五、結語：
沒有文學的教育令人無情。沒有哲學的教育令人識薄。透過文學、哲學的教育令人深似海、高似天。

快樂生活與行政效率

張光甫 93.04.29

一、前言：

有快樂的人，才有快樂的生活，才會有效率的行政。

二、現身說法：

1、三十年山水。

2、教—學—做。教書—學習—做行政（註冊組、院長六、處長3）

3、平常心是道。不妥協、保送生轉系、實習生分發.

三、人與事的和諧/糾結： 和諧不常在，糾結永跟隨.

1、上下左右的關係。

2、快慢精粗的要求。

3、難易是非的取捨。

4、春夏秋冬的性情。

5、勤謹和緩VS.巧取豪奪。宋人做事態度.

四、人在做，天（人）在看：

1、人是誰？是我、是你、是他。

2、我有感（覺）、我有情（感）、我有思（想）。出口成髒. comedy tragedy

3、「你知道你是誰了，你放心。」。

五、人的三種衝突與化解： 過不去、過得去、得過且過.

1、人與自然、人與他人、人與自己。

2、(偎)向着人、(作)對着人、背（離）着人

六、人心的主宰：

1、破執迷、除舊習。毛毛虫比喻，不說禪師.

2、求開心、順自然。無關心態度，沒關係.

3、廣心智－多閱讀、能「理」解情結。史記 伯夷列傳.

七、結語：

有好心人，才有好行政。

國立高雄師範大學 實習輔導處
Office of Student Teaching & Development
NATIONAL KAOHSIUNG NORMAL UNIVERSITY
學生實習組
TEL:07-7172930 轉 1451-2
Fax:07-7115127
就業及教學輔導組
TEL:07-7172930 轉 1453-4
Fax:07-7114784

教師像什麼

張光甫
93.6.3.

一、前言：「五四」十五週年，教師是知識人 {自由之思想 / 獨立之人格。

品格教育 / 獨立之人格 / 讀書不入於心 / [illegible]

1. 十年前說過「訓導人員的內憂外患」，
內憂主要指「政策無定」、「教師無權」（現在更甚，家長參
外患指：政治—莫明其妙，社會—公權不張，
經濟—[illegible]，文化—偏狹低俗（選舉會贏
解救之道：唯讀書，募集一億元教師發展基金。

2. 十年不變，七十年不變。
說胡適二十一年在獨立評論「贈與今年大學畢業生」，二十三年一文說「畢業即失業」之談，唯「責己是出路」。

二、教師像個「異鄉人」：Maxine Greene 說

Nel Noddings (2003) Happiness & Education —— 生意人：生活有意義、有創意、有生趣（意
活潑的心思意念與行動。

。教師像個「問題」人物：知識分子的角色，保持獨立之人格
自由的思想。

黃宗羲〈學校〉：「必使治天下之具皆出於學校」「天子之所是未必是，天下之所非未必非，天子亦遂不敢自為非是，而公其非是於學校」。

。教師是「好學」者：「好仁不好學其蔽也愚，知—蕩，信—
直—絞，勇—亂，剛—狂。

好學—問學（審問、慎思、明辨、篤行）。

Dewey: How we think—書：reflective thinking.

Printed on Recycled Paper

P.1

國立高雄師範大學實習輔導處
Office of Student Teaching & Development
NATIONAL KAOHSIUNG NORMAL UNIVERSITY

學生實習組
TEL:07-7172930 轉 1451-2
Fax:07-7115127
就業及教學輔導組
TEL:07-7172930 轉 1453-4
Fax:07-7114784

張光甫

二、教師是「好學」者.
唯好問學，才能明智，「知常曰明」.
知人生之真相：說〈伯夷列傳〉，孔子之隱.
歷史長期的合理性.

三、結論.
1、佛經：昔有鸚鵡飛集陀山……常僑居此山，不忍見耳.
2、Selma Lagerlöf 之紅胸鳥.

Printed on Recycled Paper

p 2

人貴自知

張老甫
95.6.18
軍民服務志工訓練

一、前言：

知不知，上；不知知，病。 —《老子》七十一章

二、人的問題：

生、老、病、死

三、人的苦惱：

內：身、心（知）； 外：外物、塵勞

四、人的知解（識）：

1. 天理：天人合一
2. 人性：三种感知：感覺、感情、感（思）想
3. 自我：自由、抉擇、責任

五、人需明理：

1. 理解情結
2. 「無關心」的態度
3. 破執

六、結論：自達達人

"不與居積人爭富；不與進取人爭貴；
不與矜飾人爭名；不與簡傲人爭禮節；
不與盛氣人爭是非。"

——明．呂坤

知不知，上；不知知，病。

。聖人不病，以其病病。夫唯病病，是以不病

——老子．七十一章

。吾所以有大患者，為吾有身，及吾無身，吾有何患

——老子．十三章

。我有明珠一顆，久被塵勞關鎖
今朝塵盡光生，照破山河萬朵

。"本來無一物，何處惹塵埃"——徐冰"裝置藝術"

。宇宙之大，之唯一有人居住，之無窮，（為主
自然之豐盛，生而不有，為而不恃，長而不宰，衣養萬物而不

。羅素：人生由愛所激發，由知所引導。

。王國維：人生過後唯存悔，知識增時轉益疑

。"In the late summer of that year we lived in a house in a village that looked across the river and the plains to the mountains." A Farwell to Arms《戰地春夢》

人格統整與靈性發展

張光甫
2009.12.24

一、釋名
Soul, Mind, Spirituality
Soulful education, Soulful learning
心靈的超越①

二、人格統整的極致——人生的境界與代表人物
1.何謂人格
(1)個人特質：知、情、欲；感覺、感情、感(思)想
(2)與人的關係：向着人、对着人、躲着人②
(3)與神/自然的関係：順天、制天、人即神即佛③
2.人生境界④
(1)天地境界：聖人、真人、至人、神人⑤
(2)道德境界：義人、君子
(3)功利境界：小人、利謀利人
(4)自然境界：赤子、嬰兒⑥

三、人心的超越即靈性的表現
1.独與天地精神往來⑦
2.天人合德⑧
3.悟道（破執迷）⑨

四、靈性的培養⑩
1.慎独思⑪ 2.壹專注⑫ 3.靜观物⑬ 4.書感想
5.誦詩文 6.賞音樂 7.習典範 8.健步行

五、結語：Long-term Pessimism⑭
Sort-term Optimism

「道」的輔導

張光甫

一.引言：
Abraham H.Maslow ：
"The Taoistic Therapeutic Methods"
知常曰明－老子

二.心的習慣：
1."人何以知道？曰心，心何以知？曰虛壹而靜，虛壹而靜謂之大清明"－荀子
2.John Dewey (1916) 民本主義與教育
3.Gilbert Ryle (1949) 心的概念

三.心的陷溺－非理性思考
1.有為與蔽
2.西方非理性思考
3.中國人的迷思

四.「理」解－非、非理性思考
1.觀念的釐清
2.概念的擴大

五.結語：
一日三省

國立高雄師範大學 實習輔導處
學生實習組
TEL:07-7172930 轉 1451-2
Fax:07-7115127
就業及教學輔導組
TEL:07-7172930 轉 1453-4
Fax:07-7114784
Office of Student Teaching & Development
NATIONAL KAOHSIUNG NORMAL UNIVERSITY

「道」的輔導　　張光甫

一、釋題：

1. "The Taoistic Therapeutic methods"
2. 「道」者何。

二、敘旨：

1. 「事」由「人」起、「情」由「憶」生、「理」由「教」啟
2. 心的習慣：John Dewey / Gilbert Ryle.
3. 非理性思考：

三、解非：

1. 「理」解「情」結
2. 非、非理性思考

四、結語：知道不？無知也

太初有道

張光甫教授

一、引言

道是萬物生成變化的總原理

二、道的形容

1. Word, Logos
2. 率性之謂道----中庸
3. 道可道，非常道---老子
4. 一陰一陽之謂道-易傳

三、道在那裡？

1. 道也者不可須臾離也---中庸
2. 無所不在---在屎溺---莊子
3. 道成肉身---約翰福音

四、道與萬物的關係

1. 道生一，一生二，二生三，三生萬物----老子
2. 行而上者之謂道，形而下者之謂器---易傳
3. 一切都在分受善本身---柏拉圖

五、道的功能

反者道之動；弱者道之用---老子

六、結語：知道明理可以樂觀

To. 戴静文主任

國立高雄師範大學
NATIONAL KAOHSIUNG NORMAL UNIVERSITY

College of Education
Kaohsiung, Taiwan 80264
Republic of China 7172930
TEL: 07-~~7517161~~ Ext 364-365
FAX: 07-7111980

「人」的輔導

張光甫

一、引言：人文教育

二、人的本相

三、人心的陷溺——非理性思考

四、人的化成——學習、全生學習

五、人文教師的修養

1. 慎「獨」
2. 樂「道」
3. 愛「生」
4. 用「心」

六、結語，以人養養人.

Printed on Recycled Paper

人的倫理：一傳統倫理舉要

好學深思
解其義

一、仁：樊遲問仁。子曰：「愛人」《顏淵》

「博愛之謂仁」《韓愈原道》

博者包容，愛者愛其生長.

. growth-motivated person.

. "The Web of our life is of a mingled yarn, good and ill together".

—All's Well that ends well

act IV, Sc. iii,

「仁者以天地萬物為一體，莫非己也」（程明道）

「君子之心，有與天地同情者，有與禽魚草木同情者，有與女子小人同情者，有與道同情者……悉得其情，而皆有以裁用之，大以體天地之化，微以備禽魚草木之幾」（王夫之，詩廣傳）

※每製造一公噸紙張約需消耗20棵高度8公尺，胸高直徑16公分的原木，而每棵樹木平均需長20–40年.

人的倫理——傳統倫理舉要

二、道常「無為」而無不為—— 萬物靜觀

1. 順其自然，不干涉、不妄為。
2. 自覺心不陷溺在任一事物上。

三、和合性：— conformity

錢穆在其"從中國歷史看中國民族性及中國文化"一書中謂：

中國人的天性，所謂我們的國民性，是「和合」的分數比較多過「分別」的。

和、均、安
為常道

四、君子「慎其獨」（中庸）

"萬物皆備於我，反身而誠，樂莫大焉"（孟子）

中國文化比較具有內傾性格。
儒家的「求諸己」、「操之在我」；道家的「自足」、「自勝者強」；佛教的「依自不依他」。

「錯不在我」症候群。

西方：神約covenant 為社會契約之基礎，人必須「守約」乃成為一種具有普遍價值的倫理信條。

1. 理想的人格類型及其他

一、儒家－君子（孟子·萬章下·孔子·聖之時者也）
　　道家－真人·嬰兒
　　Maslow－超越者 Transcender 《世說新語·任誕》

二、共同特徵
　　1.慎獨　2.破執　3.齊一　4.和合

三、修鍊之法
　　1.讀經典　2.崇典範　3.近自然　4.守靜篤

參劉邵《人物志》

2.〈西銘〉的現代意義

一、人在宇宙中的地位：知識的功能／養浩然之氣
　　「爾曹身與名俱滅，不廢江河萬古流」（杜甫）

二、人與他人的關係：私利與公義

三、人的責任：盡性、踐形、知天命（胡適引易卜生句）

四、對生／死的態度（俳人松尾芭蕉）

3. 文學的教育功能

一、啟蒙／文學／教育

二、淨化－情的舒發：私情－同情－無情　《悲懷書簡》杜甫詩

三、覺醒－意義的追求：生－死－重生（啟蒙故事）

四、明心見性－人的本相　〈蓮花水色〉《殺夫》

五、養心怡情啟智

國立高雄師範大學 National Kaohsiung Normal University
教育學院 College of Education
高雄市80264和平一路116號 Kaohsiung, Taiwan 80264 R.O.C.
電話：(07) 7517161 轉 364-365 Tel: (07) 7517161 Ext. 364-365

理性主義與教育 張光甫

一、前言：

1. 人是理性的動物。
2. 孟子四端

二、什么是理性

1. 人生而有一种认识的能力；
   人有發現什么是真理的能力。
2. 從常识观点看：凡是合乎常理的東西，可认为是合乎理
   從知识观点看：凡是合乎邏輯的東西，可认为是合乎理性

三、幾個有関的概念

1. 天真理性主義／批判理性主義
2. 工具理性／价值理性
3. 歸納／演繹
4. 殊相／共相
5. 唯名论／唯实论
6. 观念论、理想主義、唯心论

國立高雄師範大學 National Kaohsiung Normal University
教育學院 College of Education
高雄市80264和平一路116號 Kaohsiung, Taiwan 80264 R.O.C.
電話：(07) 7517161 轉 364-365 Tel: (07) 7517161 Ext. 364-365

四、教育觀之轉變

1. 蘇格拉底：知識要形成概念
2. 柏拉圖：本質與現象；真理與意見；記憶說
3. 笛卡尔：我思故我在；可靠的知識是"清晰明瞭的觀念"
4. 阿德勒：派代亞計劃

五、反省思考的培養

1. 好的思考者／差的思考者
2. 阻礙思考的惡習：
   我的好，要面子，怕變化，從眾，刻板印象，自欺
3. 一日三省、一事三省
4. 圓視
5. 「理」解
6. 大清明—虛、壹、靜

六、結語：

P.

教與學的兩極性：教者與受教者

(一) 有與無：

1. 形上的：無名天地之始，有名萬物之母。
2. 知識的：有知—無知的歷程
3. 教學的：「有」則啟發；「無」則灌輸；「無」為隱藏，「有」為現實；有上加有，無中生有。

(二) 一與多：

1. 形上的：Parmenides. Plato. 道與萬物。
2. 價值的：一元與多元；社會與個人；獨與群；雜多與統
3. 教育的：「一」為普遍抽象，「多」為個別具體；多學與一以貫之；一致性與個別性；見聞思索與不為質。

(三) 變與常：

1. 形上的：易之三義
2. 價值的：知常曰明，反常合道
3. 教育的：絕對與相對；人性之常，經驗之變，生長與平衡，

國立高雄師範大學
NATIONAL KAOHSIUNG NORMAL UNIVERSITY
KAOHSIUNG TAIWAN REPUBLIC OF CHINA

Code of Ethics of the Education Profession

adopted by the 1975 NEA Representative Assembly

(一) 對學生：

1. 不無理地限制學生獨自探索學習的行動.
2. 不應無理地否決學生採取不同觀點的意願.
3. 不要故意限制或歪曲有關使學生進步的教材.
4. 盡量保護學生，使其學習、健康、安全免受威脅.
5. 不應故意使學生屈辱與挫折.
6. 不應有種族、膚色、性別、國別、教義、婚姻狀況、政治或宗教信仰、家庭、社會文化背景之不同而受不公平的待遇.
7. 不應憑職位關係，利用學生追逐私利.
8. 不應公佈學生的資料，除非基於專業需求或法律之認可.

78.12.30本 @ 100

國立高雄師範大學

NATIONAL KAOHSIUNG NORMAL UNIVERSITY

KAOHSIUNG TAIWAN REPUBLIC OF CHINA

Code of Ethics of the Education Profession

(二) 對專業本身:

1. 不應故意隱瞞有關專業知識、能力的資料或作偽証明以獲取專業職位.
2. 不應偽冒本身的專業資格
3. 不應幫助一個在品德、教育背景、或其他相關條件皆不合格的人,進入專業團.
4. 不應對獲得專業職位的候選人故作不實証言.
5. 不應協助一個不合資格的教師,從事黑市教學.
6. 不應走漏同事的人事資料,除非有專業需求或法律許求.
7. 不應故意對同事作不實或惡毒的報告
8. 不應公開學生資料,除非必要及有法律認可.

78.12.30本 @ 100

教育行政主管的基本素養

張處長光甫

一、引言：管「人」有道理、管「事」有條理

二、釋題：

1.教育是引出、覺人

2.行政主管是引導者、管理者、溝通者

3.基本素養面面觀

三、有效的管理：

1.一分鐘管理秘訣，59秒員工

2.向下管理／向上管理

四、主管2000年世代：

1.解決世界困境的三大工具

2.「遠見」未來

3.縱觀「天下」

4.掌握「時代」

5.反省「歷史」

五、十面素養：

1.Robert M. Hutchins 的行政主管人特質

2.宋人爲官四字訣：勤、謹、和、緩

3.生活四喜：空、樸、慢、靜

4.慎始與臨終

六、結語：做事有理，爲人無罪

手寫隨筆舉隅

The Rain

George Chang
July 19, 2011

1. The rain from Heaven
man, the vessels of wrath
drowned out in floods of tears

2. The drizzling rain is the tears of Mother
Kisses the earth as softly as the veil of bride

3. It rains cats and ~~dg~~ dogs
making the roof a curtain of pearls
silently reflected in the tears of lovers

4. The highest good is like water
The water comes from rain in Heaven
It gives life to the ten thousand things
and does not strive

Good luck or Bad luck
who knows

George Chang
2011.11.15

The agony of life, in the Taoistic view, is totally due to peopl's inability to see its overall, predetermined pattern. This pattern can be identified with an unchangable nature's law or a constancy, like the law of gravitation. That's why Lao-tze positively encouraged people to know the constancy of everthing. He said:

Knowing constancy is insight.
Not knowing constancy leads to disaster.
Knowing constancy, the mind is open. with an open mind. you will be openhearted.
Being openhearted, you will act royally.
Being royal, you will attain the divine (Ch.16)

In other wards, the constancy is a kind of unification of the opposites, the synthesis of thesis and antithesis. That means, having and not having arise together difficult and easy complement each other. long and short contrast each other, high and low rest upon each other front and back follow one another, fortune and misfortune go hand in hand.
The same ideas can be recognized in Ecclesiastes in Chapter 3, We read:

"For everything there is a reason, and a time for every matter under heaven: a time to be born, and a time to die, a time to seek, and a time to lose, a time to keep, and a time to cast away, et cetera, et cetera. The totle pair of "in time" are 14.

The 14 pair of "in time" verified the constancy of the nature's law, the unchangeable pattern of every matter in our daily life. If we want to have a peaceful mind, and get away the agony from our life, We should always keep in mind the importance of knowing the constancy or the reason. Here is an allegory which vividly reflects the idea of knowing constancy. This allegory was written by Liu An, a Taoist, who was born in 198-122 B.C. Almost all Chinese people knows this "The old man at the Fort" very well. Sometimes, Chinese people are proud of being of this old man when they are in the face of frustration. The allegory as follows:

P.2

George Chang
May 15, 2012

Life as Four Seasons

In spring,
I saw a boy chasing after his vigorous dog
under the blossoming trees.

In summer,
I saw a young man walking his dog along the edge
of dense woods

It was autumn. I saw an old man standing by a
tree helplessly waiting for his dog taking faltering
steps toward him.

When winter came, all was gone and still,
I saw nothing but the tranquil air and deep snow
on earth.

Years ago, I saw a man walking his dogs every day with
one dog ahead of him and followed by the another one
And after then, he had only one dog as his daily walking companion
Last month, I saw the old man walking alone a little while
and waiting for his dog dropped behind.
In recent weeks, I was anxious to see their appearance but
in vain.
Here is my reflections on their observation.

My Bookmark

George Chang
March 20, 2012

My bookmark is a fountain pen
but its body ~~is~~ was shaped like a popsicle stick ~~in place~~.
In the morning, I had my "Breakfast at Tiffany" ~~browsed~~ browsing
(~~through~~) one page after ~~one~~ another page with the stick.
In the afternoon, my bookmark is a road sign leading
me along the way to Dicken's "Two Cities";
And also it is regarded as a long-handled sickle for
me to mow Whitman's "Leaves of Grass" in one breath;
And as a shovel, it helped me to dig ~~the~~ for treasures
in Stevenson's "Island" one scoop after another;
And it served as a spring located somewhere in
T.S. Eliot's "Waste Land" for my next visit;
And my bookmark is a ticket. It gave me free time
to hop on and off "A Streetcar named Desire";
And my bookmark is a rope attached to a bell, which
I ~~tried to pull it~~ moved up and down ~~many~~ numerous times "For
Whom the Bell Tolls";
Suddenly, in December, I lost my bookmark without
knowing where could it be found.
Then, comes the spring, I went to ~~the~~ New Westminster
library ~~checking~~ to check out some books.

To my great surprise, the librarian, by using her magic hand, fished my bookmark from David Thoreau's "Walden" pond, and returned it to me ~~cheered me up~~ ~~turned~~ gave ~~it back to me~~.
Now, my bookmark ~~is~~ became a prodigal son wandering such a long time in the New West. he finally found his way back home.

At night, my bookmark again is my best pal. I'd like to bring him tomorrow to visit ~~visiting~~ Pearl Buck's "The Good Earth" in China once more.

my bookmark

P. 2

A Son's Ode

George

On mother's day, my friend sent me a poem via E-mail. The poem is very famous and popular in China, almost, every high school student can recite it. The poem was written in the Tang dynasty, around 800A.D The title, "A son's Ode", I translated, glorifies a mother's love. The son might be a soldier fighting for the country in the battle fields;
The son might be a salesman doing bussiness abroad;
The son might be a wanderer or prodigal going away from home.

I adopted the main theme of this poem and rewrote it as follows:

The mother has magic fingers.
She is knitting a vest without dropping a stitch
for her son at the eve of his departure for war.
She regards the yarn as the umbilical cord of love
tightly woven into the vest.
Each stitch is a reminder of her worries that
her son might come back late.
Everyone should not neglect the repayment of
a mother's love and care.
Just as a humble blade of grass, some day,
would reward mother nature with a vast green
field.

Taoist view on Education

George Chang
July 19, 2011

Here is an article which was clipped out of Vancouver Sun, July 8. The ~~tittle~~ title of the Newspaper's view was ~~read~~ "Lack of education must be tackled," the subtitle said: "First nation's self-determination depends on an educated workforce".

The main theme of this article was warried over the lag between mainstream society and first nations communities. The Newspaper's view claimed "History teaches us that education has long been the salvation for small nations forced to live in proximity to great and powerful ones".

After reading this article, I was deeply puzzled by the importance of learning and the functions of education. I absolutely believed that without early educational intervention, the first nation's children will have a dramatic negative impact upon subsequent academic performance. But the cultural traditions of the first nation in ~~a~~ which the ego-identity, inner-self-naievety, nature worship become the core value, will gradually faded away within today's reality of educational system.

In Chinese philosophy, there are two strong value system: Confucianism and Taoism.

P. 1

Confucius put much stress on the sainthood, morality, knowledge, and wisdom. In his book "The Analects", the first word begins as this: "Is it not indeed a pleasure to acquire knowledge and constantly to ~~excerice~~ exercise oneself therein?"

On the contrary, Lao Tzu, the ~~founding~~ father of Taoism clearly claims: ch. 19. Tao Te Ching:

"Give up sainthood, renounce wisdom"

In another word, Confucius regarded education as a way of self-cultivation and positively encourged people to cope with the ~~societal~~ ~~social~~ worldly value system. But Lao tze would rather persuade people to terminate knowledge learning and turn back to nature and inner-self.

✡ The similar idea can be found in the Ecclesiastes: It says, he who increases knowledge increase sorrow".

In Chuangtse the book, Chuangtse, the disciple (follower) of Lao Tzu, vividly created an allegory to justify that keeping one's inner-self is more important than showing off one's sophisticated ~~cleo~~ cleverness.

The allegory says:
"The ruler of the South Sea was called Light; ..."

Our seven openings, eyes, ears, nostrials, and mouth, are sensory organs through which important information and impressions are accumulated in our mind.

In schools, we used to recognize a student with an intelligent mind as one who can effectively

Tao

George
Aug. 16, 2011

In the begining was the one, who is called the Tao, (2)
The Tao can not be told, It works but nameless.
In the primal time, Tao is the nature itself.
the mother of ten thousand things.
In the eyes of children, the mother acts like Tao.
They are nourished, developed, and cared for,
When the civilization is dawning,
Tao is divided but flows everywhere,
both to the left and to the right.
When the age of science is rising,
the left and right, the right and wrong are always cherished
then the hamonious Tao is vanished.
Taoist philosopher has no religious-oriented mind
But claims the Tao is innate in our mind
Morden scientist verifies the religion as a man-made
construct,
the psychological adaptations for us to act.
Imagin: Man created God.
Believe: God or Tao saves us from conflict and
being bigot.

Reading poem : a way to self-awareness

George Chang

2011. 3.15

Generally speaking, the poetry can be seen as a filter which strains out our inner sentimental feelings, such as joy and sorrow, angry or agony. When we fall in love, especially in our young days, we become a full poet and enjoy ourselves to the reading of romantic ~~poetry~~ poems. So the poetry consists in sensibility. As soon as we are rejected, we become philosopher instead. Because our logical reasoning finally enlightened our mind and made us taking a wholistic view to face the facts.

Let me take three verses to explain the self-awareness process.

> you do not know who you are, you worry;
> you realize who you are not, you are in despair
> you know your true self, you are at ease.

Here are three stages of self-awareness, we are always worried by not knowing our ideal self, after several years of hard work and life struggling, our ideal ~~world~~ self can not be fulfilled even with great diligence. Disillusionment and despair we experienced are unavoidable. Finally, ~~th~~ we realized that we are conditioned by our heredity and controlled by our living environments, No more complain and agony will stir up our mind. We are throughly aware of our true self.

The same life experience can also be found in a Buddhist priest's remake. The priest said:

Thirty years ago, I saw water as water, mountains as mountains.

After reading Buddhist classics and ~~doing~~ practicing ~~some~~ meditations, I saw the water is not as it seems, the mountain ~~are~~ is not as it seem, either;

and now, I am in the age of sixty, and have realized that the water as it really is, and so do the mountains.

In his young age, the natural world, no matter what it is, water or mountains, is nothing but the objects of our sensation. The objects exist there as it is. and then, the learned priest has puzzled by his knowledge and ~~defined~~ the objects he encountered (can be defined) in a various ways. Thirty years later, the priest finally has enlightened by his ~~not logical~~ reflective thinking looking every object as the way it is. We can say that the priest is now not a priest any more but a Buddha ~~instead~~ himself.

In Sung dynasty, about 1200 A.D. the famous poet, Hsin chi'chi expressed the same life experience ~~in~~ his very popalar poem, the Spirit of Autumn, he chanted

In my young days,
I had tasted only gladness,
But loved to mount the top floor, But love to mount the top floor,
To write a song pretending sadness.
An now I've tasted
Sorrow's flavors, bitter and sour,
And can't find a word, and can't find a word,
But merely say, "What a golden autumn hour!"

P. 2

My comments on those poems can be sumed up as one remark: A good poem should have two elements: sentimental and ~~specalative~~ philosophical traits in it.

Let me give you another example, there is a Chinese Nursery ~~@~~rhyme:

Row. Row. Row the boat.
To grandma's house I go
She offers me candies and says Hello boy.

One *haiku* poet changed the happy scenario of visiting grandma into an existential irony, he ~~said~~ wrote:

Row. Row, Row the boat.
Where are you ~~rollin~~ rowing to, boy?
The Grandma isn't there, then.

This *haiku* stronged expressed one of the major Themes, Nothingness or the void, which Jean-Paul Sartre, the existential philosopher frequently claimed.

Our sentimental emotion provides us with passion and strength ~~and courage~~ to do something; our philosophical reasoning pushes us to think every things in-depth.

Haiku: a Japanese verse form of three unrhymed lines of 5, 7, and 5 syllables, respectively.

P. 3

Two Reflections

June 21, 2011
George Chang

Ten days ago, my wife and I took part in a four days Portland Rose Festival tour. There were two events which gave me reflections on life.

Firstly, life as a series of unexpected happings. The Rose festival activities were performed in the Memorial Coliseum. The parade was first led by the Rose Queen sedan and more than ten Rose Princesses limos. Without Rose Queen & Princesses presentation, the Festival ~~will~~ would lose its color and cheerfulness. Also, along with the high school's marching bands, the moving floral floats, the horse riding shows, and the clowns funny acts, ~~all~~ brings the audience a flourishing, cheerful carnival spirit.

~~Surprisingly enough~~, when the reporter announced ~~that~~: "welcome to our Portland's sister city of Koahsiung from Taiwan. Here comes the magnificent float and SuDe girls commercial high school marching band and ~~its~~ their dancing performances." My wife and I were both totally surprised by this unexpected participation. Because Kaohsiung is our hom town in Taiwan, we felt a warm, close

P. 1

relationships with those young students of the marching band and the pretty girls in the folk dance performance. What's more, we saw a highlighted sign on the float which marked the celebration of the centenary of Republic of China this year.

It's my remark: life is always marching on in an unexpected process.

Secondly, life as a river of no return.

After visiting Portland, our tour went on for a scenic drive along the Columbia River Gorge and had a overnight stay at the Oxford Suites in Yakima, Washington. The hotel is located near the riverside of an intensely flowing river.

As soon as my wife open the window of the suite room and had a bird-eye view over the river, she cheerfully humed the song "River of no return" which is the theme song sang by Marilyn Monroe in the film called "River of no return". On the contrary, I was not in a cheerful mood as my wife did.

The flowing river reminded me of the Confucius remarks in the Analects. It says:

"Once when Confucius was standing by a river, he observed: All is transient, like this! unceasing day and night!"

P2

At that moment, the lyrics of a short song suddenly poped up in my mind. Although the song has a little bit of melancholy in tone, it's worth to share with you. The lyrics says:

At the front of my house, 門前一道清流
There is a river with willow trees dancing along the riverside. 夾岸兩行垂柳
The scenery of the river remains the same year after year, 風景年年依舊
But the flowing river never comes back again. 只有那流水總是一去不回頭
O what an unceasing river, please don't take my time and youth away. 流水呀，請你莫把光陰帶走

Allow me to sing this song for you.

As an English writer once said: life is a comedy to those who feel, and a tragedy to those who think. But I'd like to say: life is a mixture of comedy and tragedy, because we can feel sensitively and think philosophically as well.

P.3

In this second part, I would like to share with you a classical poem which was written by the 8th century, Tang Dynasty Poet Chang chi.

The poem, "A night mooring by maple bridge" is still popularly read in China and Japan. It is part of the primary school curriculum in both countries.

I am going to read the poem in Chinese first, and then to read two different copys of the English translation, at last, I'll chant the poem in a sentiment way.

P.4

Stanley Cup

George
Sept. 20, 2011

Stanley, it's all your fault.
With a big hollow cup, we filled in nothing but
bigot, failure, shame and insane.
A cup of beer, we cheer, warmed ups our instinct,
a cup of gin, we giggle, stired our stumps;
a cup of Vodaka, we devour, made us stumbled.
The hundred thousand cups ignited the turbulent sparks;
We all were haunted by the cups.
Pouring cups out to the streets,
Setting fire to the patrol cars and houses;
smashing windows and lotting stores
Showing fight against our superego and social rules
Stanley, it's not your fault after all,
It's the alcohol.

The Girl

George
Sept. 20, 2011

The whole family swarming in, led by a lovely girl.
She is not like a shy duckling always stumbling behind.
She ordered coffee for her pop;
She bought a cheese-cake for her Mom,
French-fry made her brother's eyes lightened;
Milk-shake pasted her sister's mouth whitened,
Nothing was in her hands but
their thanks open her face brightened.
The girl is the beloved daughter of the family.
the pearl on mom's palm,
the pop's lover in the previous life;
the mom's agent in taking care of the sibling.
Like bee, the girl busied herself at making honey;
Like butterfly, the girl made the garden lively.
Here comes the girl, the spring has set in nearly

George Chang
June 19, 2012

The Pun

Bertrand Russell, the British philosopher once told a pun which was used to justify the unnecessary fixation in our action and thinking. He said:

what is matter? never mind,
What is mind? no matter.

Matter and mind no longer confront each other but are united together as a human being.

Mind without physical body is an emptiness; Physical body without the mind in charge stays in a vegetative state.

The ~~th~~ opposite, such as thesis and antithesis is but an illusion. The synthesis is truly a reality.

A sound mind in a sound body makes a happy life. Happiness can be fully achieved only by ~~the~~ a balance of physical and psychical states.

The wise person has a good knowledge of the combination of thought and sense, reason and volition, and free will and fate.

The sage discarded old beliefs that monism ousts ~~and~~ dualism and pluralism.

Then, a good judgment appeals to reason and volition; a richest literature needs to have a unison of though and sense.

P. 1

A great hero or heroine knows the limitation between free will and fate in the face of destiny.
Therefore, knowing the synthesis is insight.
Not knowing the synthesis leads to disaster.
Knowing the synthesis, the mind is open.
With an open mind, you will be openhearted.

The Pun
P. 2

夫子揚木鐸在明明德
修辭多婉約如沐春風
拱手而治南面稱素王
寬宏為大四海容佳賓
天佑善人積健為雄
朱筆揮舞彩霞成錦
文章千秋事紙貴洛陽
禪修一世情古瑜美濃

燕趙國士胸有韜略
雙口合呂天成佳麗
桂生高嶺清輝照
芳華英姿永久在
良相佐國首愛珍弦歌
愈揚心良安秀外慧中
佳人在恰似佳釀飄香遠
錦繡江山好城春草木欣
畢竟天地情惠我一家親

今晚有「酒鬼」！
一不作二不休吧！
勸大家乾杯！
馬悅然 作句

有不為齋
林語堂百年誕辰
嘉言錄覽
甲戌 張光甫

一九九四年十月十日正逢
林語堂先生百年誕辰紀
余幼時由家父啟蒙讀語堂
所編開明英語讀本高中時
高雄市府大禮堂親聆語堂
說幽默及政大研究所時拙
戴東原知情合一主義蒙林大
不棄選錄在其無所不談文
值此百歲生日豈能無動於衷
謹沐手錄先生嘉言數則以
紀念亦人生一大快事也
甲戌 張光甫

生活的享受在於一種態度物質本身沒有什麼意思要人能夠享受才有意思人可以借酒澆愁也可以飲酒而感到飄飄欲仙一個人可以憤世嫉俗以此為樂也可以玩世不恭也可以多愁善感這些都是主觀態度用什麼角度觀人生是個人的選擇但是聰明的人不要養成只有一種人生觀久而久之不易改變

我喜歡春天但它含有太多稚氣我喜歡夏天可是它浮躁我最喜歡的還是秋天因為秋天的樹葉剛呈嫩黃氣氛比較柔和色調比較濃艷可又染有一絲憂愁和死亡的預感它黃金的瑰麗景色所顯現的不是春天的純真也不是夏天的盛旺而是垂老的柔順和慈祥的智慧它知道生命有涯但也安命它既知道生命的种种限制又有豐富的經驗從而展示最鮮艷的繽紛的色彩綠色象徵生命和力量橙色象徵稱心的滿足而紫色象徵順從和死亡月亮照耀的時候它純潔的容貌好像在沉思而落日的餘暉映着它的時候它仍然會嫣然歡笑清晨的山風吹過使它顫動的樹葉飄落地面你不知道落葉的歌是歡笑的歌唱還是訣別的哀吟

我們知道終必一死終於會像燭光一樣熄滅是非常好的事這使我們冷靜而又有一點憂鬱不少人並因之使生命富於詩意但最重要的是我們雖然知道生命有限仍能決心明智地誠實地生活

我要一間自己的書房可以安心工作

我想一人的房間總該有幾分凌亂七分莊嚴中帶三分隨便住起來才舒服我要幾位知心朋友不必拘守成法肯向我盡情吐露他們的苦衷乙位可與深談的友人有癖好有主張同時能尊重我的癖好與我的主張雖然這些也許相反我要院中幾棵竹幾棵梅花我要夏天多雨冬天爽亮的天氣可以看見極藍的青天

我要有能做我自己的自由和敢做我自己的膽量

兩腳踏東西文化
一心評宇宙文章

民國八十三年國慶日 光甫書

今父之親子也，親賢而下無能；母之親子也，賢者親之，無能則憐之；母（親）親而不尊，父（親）尊而不親。

——小戴礼表記

君子小人，形同冰炭，同處必爭。一爭之後，小人必勝，君子必敗。何者？小人貪利忍恥，擊之難去；君子潔身重義，知道之不行，必先引退。

—蘇轍 上哲宗〈乞分別邪正劄子〉

子曰：篤信好學，守死善道。危邦不入，乱邦不居。天下有道则見，無道则隱。邦有道，貧且賤焉，恥也。邦無道，富且貴焉，恥也。

—论语·泰伯

子曰：賢者避世，其次避地，其次辟色，其次避言。

—论语·憲問

兩不立，則一不可見；一不可見，
則兩之用息。兩體者，虛實也，
動靜也，聚散也，清濁也，
其究一而已。

張載《正蒙、太和篇》

老僧三十年前未參禪時，見山是山，見水是水。及至後來親見知識，有個入處，見山不是山，見水不是水。而今得個休歇處，依前見山只是山，見水只是水。大眾，這三般見解是同是別？

——《五燈會元》卷十七

青原惟信禪師語錄

少年聽雨歌樓上，紅燭昏羅帳。
中年聽雨客舟中，江闊雲低
斷雁叫西風。而今，聽雨僧廬下
鬢已星星也 悲歡離合總無憑，
一任階前點滴到天明。

——宋、蔣捷、虞美人

和子由澠池懷舊　蘇軾

人生到處，知何似？應似飛鴻踏雪泥；泥上偶然留指爪，鴻飛那復計東西！老僧已死成新塔，壞壁無由見舊題。往日崎嶇還記否？路長人困蹇驢嘶。

飲湖上初晴後雨 苏軾

水光瀲灧晴方好，
山色空濛雨亦奇。
欲把西湖比西子，
淡粧濃抹總相宜。

題西林壁

橫看成嶺側成峰，遠近高低
各不同。不识廬山真面目，
只緣身在此山中。

A night mooring by Maple bridge
By
Tang Dynasty Poet: Chang chi

The moon is setting with crows' cawing
and the (sky) heaven looks frosty.

Mooring with fishing torches under maple
trees, I feel a bit gloomy.

A huge bell is knocked in the Hanshan
temple beyond Suzhou City.

The midnight air from afar to my boat here
is resonant around me.

楓橋夜泊 張繼

月落烏啼霜滿天
江楓漁火對愁眠
姑蘇城外寒山寺
夜半鐘聲到客船

p.5

A heron George Chang (translator) 2014

A solitary heron stands in the pond.
The pond is quiet, still, and reflects the heron's tranquility.
The poet hails: That is a poetic scene;
The philosopher claims: That is vanity;
The Buddhist priest prays: That is Zen;
The photographer hushes: Don't move.
The heron yells: That is fish.
And a quick peck, all illusions disappear,
Leaving behind ripples circle by circle.

水中鷺鷥 【余光中】

一鷺鷥獨立在水中
讓孤影粼粼
終止於靜定
哲人說，那是空
僧人說，那是禪
詩人說，那是境
攝影家說，不要動
鷺鷥說，那是魚
只低頭一啄
就破了，刹那的幻影

【2012-11-20/聯合報/D3版/聯合副刊】

A heron　George Chang (translator) 2014

A solitary heron stands in the pond.
The pond is quiet, still, and reflects the heron's tranquility.
The poet hails: That is a poetic scene;
The philosopher claims: That is vanity;
The Buddhist priest prays: That is Zen;
The photographer hushes: Don't move.
The heron yells: That is fish.
And a quick peck, all illusions disappear,
Leaving behind ripples circle by circle.

水中鷺鷥 【余光中】

一鷺鷥獨立在水中
讓孤影粼粼
終止於靜定
哲人說，那是空
僧人說，那是禪
詩人說，那是境
攝影家說，不要動
鷺鷥說，那是魚
只低頭一啄
就破了，剎那的幻影

【2012-11-20/聯合報/D3版/聯合副刊】

發表文章舉隅

文學的教育性

張光甫

新聞報

教育的產生源於生活的需要。人在自然環境、社會情境中、需求的滿足、情意的化導與心知的啓發，在在需要依賴教育的力量。教育以人爲對象，以整個的人生歷程爲範疇，以造就一個理想的人格爲目的。所以，教育的活動既非一種機械的訓練，也非一種強迫的灌輸；而是一種自發的感悟或深省的精神自覺。人生的境界從純生理的滿足，進而爲心理上情感的喜悅，更提升爲靈性上美感的神往；從純然無知無識進而對外在世界作感知的確定，再從而揚棄感知，去把捉萬物可能是什麼的知識；從行爲外於道德規範的約束，進而爲受道德習慣的制約，更超越他律而爲自覺自律的生活態度。在這一條「即生活而超生活」的歷程中，處處有教育的作用可尋，教育成爲使個人生命提昇的一條重要途徑。

然而，教育應該用何種教材，此種教材又最能以底於理想人格的完成呢？從人生歷程本身探求之，最能反映人生真象，顯示人生情趣的，莫過於文學，文學是人的情意活動對自然、宇宙、人生所作的一種反應和觀感。因爲它訴諸人性，所以每個人都能透過文學的諸種形式，如詩歌、戲劇、小說，直接或間接地對文學所含蘊的情趣和真理，得着深切的體驗和反省。托爾斯泰在「論藝術」裏，就把文學的影響力全部寄託在「感染」上，認爲人在感染文學的影響力之後，將提高人性的自覺，從而建立大同世界。

就文學的功能而言，文學即訴諸人性的情意活動，所以人們即使在人命窮賤、人情澆薄的坎坷路途上，也能藉文學的創作或欣賞，使抑鬱的情緒與貪婪的欲念得以舒放與宣洩，達到淨化心靈的目的。文學又能將人生紛繁的情態及多樣的經驗，藉藝術的形式予以巧妙安排，不僅揭示人性的弱點，也張顯人性的價值。從而促使人們在善惡、是非、美醜、理想現實的價值衝突中，激揚人生的真相；使人們對人性寄予更大的信心及同情，以創造人生的理想。

由此可知，文學應是人格教育的最好材料。而文學的創造和欣賞，也可以說是一種最自然、最動人的教育活動，尤其是文學的欣賞，給予人們一種高度對人生與人性的透視與感悟，進而充實與提升生命的境界。文學雖無意於教育人們，然而人們卻透過文學的「感染」而得到人格教育的完成，文學的教育性在此。

老子自然主義教育目的之探討

張光甫

一

老子哲學的根本重心，在他的天道觀念。老子一方面消極地打破古代天人同類的謬說（註一），另一方面積極地對自然性的天，作有系統的解釋，由此奠定後來自然主義哲學的基礎。老子道德經第二十五章說：

「人法地，地法天，天法道，道法自然。」

這裡所謂「道法自然」並不是說，在道之上還有一個自然，可以爲道所法。因爲道總是最高的、也是最後的。「道法自然」只說明，道以自然爲性，是純任自然、自己如此，不依靠外在其他的力量以成就本身的存在和運動。所以，河上公註說：「道性自然，無所法也。」吳澄也註說：「道之所以大，以其自然，故曰：『法自然』，非道之外別有自然也。」這都說明「自然」不是指自然世界的自然，而是指與「人爲」相對待的一種精神的自然而說。王弼的註文說：「道不違自然，乃得其性。法自然者，在方而法方，在圓而法圓，於自然無所違也。」這表示道能順應方、圓的自然本性而不拂逆與執着，正顯明道本身的「無爲性」與「自然性」。老子在三十七章說：

「道常無爲而無不爲。」

道的自然性在說明天地運行的狀態，而道的無爲性、通常對人的活動狀況而言。老子說：

「我無爲，而民自化；我好靜，而民自正；我無事，而民自富；我無欲，而民自樸。」（五十七章）

事實上，好靜、無事、無欲就是一種無爲。持無爲的方法或態度去處事，才能做到「無不爲」、「民自化」、「民自正」、「民自富」、「民自樸」的效果。「自然無爲」成爲老子哲學中一個重要的觀念。在老子看來，天地萬物既由最高原理——道所創生，那麼任何事物都該順應自身的情狀去自由發展，不必外力強作妄爲、干涉事物潛能的實現。「自然無爲」觀念的提出，正所以尊重個性的價值，使人能依照自己的需要去發展他的潛能；強調差異性的重要，使人明白盲從權威、獨斷成見的弊害。「無爲」足以顯示「自然」，「自然」也正是「無爲」的結果，二者可說是二而一的。

二

從教育 Education 的拉丁字源上看，常引起有關教育目的的爭論：有人着重與 educere- to lead out（引出、誘導）之間關聯，以爲教育的目的必須是個人潛能的發展或實現。有人着重與 educeare-to train on mould according to some specicfiation（依照某種標準進行訓練或塑造）的運用，深信教育應在塑造一位符合社會期望的人格，如基督教的紳士或勇武的軍士等等（註二）前一種教育目的，內在於教育歷程本身，是根據個人的天賦本能與需要而建立。後一種是屬於由外面加入教育歷程的教育目的，往往標擧一種社會理想，而忽略個體的特殊能力與需要。

傳統的教育，敎人「見賢思齊」，而老子却宣揚「不尙賢」的觀念。從教育的觀點而言，「賢」是一種外在的現實成就。凡在智德方面能符合社會標準的，便稱爲「賢」。教育目的固然在造就理想的人格如賢者，但是若將理想人格視爲固定不變，並以比作爲衡量一切個體成就之唯一尺度，就不免有它的缺陷。老子「不尙賢」的觀念，就在揚棄外在不切實際的智德標準，以重建個人的自信與自尊，從而肯定自我生命的內在價值。敎育除了促進個體更多的生長與發展外，沒有其他的目的。「不尙賢」正顯示前一種教育目的的觀念。而「見賢思齊」則是後一種教育目的所要完成的理想。

老子以道爲最高的絕對原理，自然無爲是道的特性。所以，從道的觀點看來，天地萬物各具自性，能順自性的發展，以成就本身的「德」，就是自然，就合乎常道。世間事物、價值的估定，都出於人爲的實效目的。而在道的觀點下，萬物總是齊同、渾然無別。老子說：

「天下皆知美之爲美，斯惡已；皆知善之爲善，斯不善已。故有無相生，難易相成，長短相形，高下相傾，音聲相和，前後相隨。」（二章）

「唯之與阿，相去幾何？善之與惡，相去若何？」（二十章）

可見，一切概念、稱謂、價值判斷如長短、高下、善惡、貴賤、賢不肖，都是經由主觀觀念，從相對待的關係中判斷而生。對待關係不是一成不變，它因主觀的需求作不斷的變動。因此，我們不必特意崇尙某種價值和事物，或費心貶抑某種事物和價值。假使恣意行事，反而紛爭蠭起。所以老子說：

「不尙賢，使民不爭；不貴難得之貨，使民不爲盜；不見可欲，使民心不亂。」（三章）

推崇少數的賢者，大多數人的才能，勢必受到壓抑，而無法人盡其才，反惹爭端；珍愛少數難得之貨，大多數的貨物，必受鄙棄而無法物盡其用，反激起貪圖財貨的盜心。

每一事物既都保有獨特的個性與本具的價值，所以一切事物不會在對待關係的轉換中、因效能上的比較，而全然失去它存在的價值。老子說：

「是以聖人常善救人，故無棄人；常善救物，故無棄物。是謂襲明。」（二十七章）

「夫物或行或隨，或歔或吹，或强或羸，或載或隳。」（二十九章）

這說明了，世間物性不同，人性各殊。惟有聖人能「體道」歸樸，去觀照一切人與物，瞭解人有個別差異，物有特殊效用。能各因個性的差異，分別誘導，做到人盡其才；各順物性的自然，因勢利導，做到物盡其用。一切個物，各具自性，自性是生命的根底。只有順自性的發展，才能不失萬物之情，若是不顧各物的自性，從外界妄加增損，就不免有莊子所謂「鳧脛雖短，續之則憂；鶴脛雖長，斷之則悲」（駢拇）的困境了。

「見賢思齊」在勉勵世人積極地向「賢者」看齊。賢的標準既由外來，就不免要强使自已的能力與興趣去符合世俗的好惡。因此，反倒減了發展個別才能與興趣的機緣。「不尙賢」是教人認淸賢名只是與不肖相對待的一個概念。賢名不由外加，而是從衡量本身存在的條件後，覺醒自已的限制、肯定自已的能力，逐步作自我的完成中建立起來。個體每一種潛能的發展和每一步理想的實現，然是一種賢的表現。賢的標準是內在於各人的存在本身，同時，也在對自我的完成作繼續不斷的拓展與超昇的過程中，逐漸豐富它的內涵。

教育工作者要認淸個體的差異性與獨特性。齊一的標準，非但戕賊個性，也易啓人爭端，產生嫉妒、敵對、機詐的弊病。他應持不同的標準去評量不同個體的現實成就。一位天份極高的學生，假使不竭盡他的能力，縱使獲得高分，充其量也不過是沒有實質意義的形式的「賢」，反言之，設如一位天份稍差的學生，他努力不懈、竭盡心力，即使得分較低，我們也應給予好評。因爲個體是不同的，評量的尺度也應該是個別的。賢與不肖完全是個人的事，不能與別人比較，也無法比較。只有在生長與發展的過程中，視個人的潛能或現實成就如智德，能否不斷作自我的完成與超越，才有比較的意義。一旦個體能肯定自我的價值，能明白所謂賢與不肖的相對性，那麼，他不會因外來的寵辱而爲之欣喜或沮喪，反而立定志向，超然獨立，完成自我的理想，當一位自勝的强者。老子說過「自知者明，自勝者强」（三十三章）

由上分析，可知老子自然主義的教育目的，是着重目的內在性與自發性。這種內在的目的觀，與老子自然無爲的天道觀念有關。在老子看來，道不是在人以外存在的東西，它存在於人的生命內層，人與道的關係只是個人，只有「我」的行動方可完成。在老子道德經中，找不到有格位的人稱代名詞，也未曾提及老子以前或與老子同時的人名和地名。而用「我」、「予」、「吾」、「聖人」等名詞却超過三十七次之多。老子五千言，其中沒有一句對話，全是一個獨立個我的獨白（註三）。正可見老子極度重視自我完成 (self-fulfilment) 的價值。

三

教育目的常依據人生的理想而擬定。教育原是實現人生理想的手段。老子雖無意在教育思想方面立言，但從他所企求的理想人生中，可推知他所期許的理想人格品質是什麼，具體的人生楷樣又是什麼。

老子看重自我，認爲道德生活的踐履，全在於自我的完成，甚至天道也只能從實踐的工夫中體認。老子說：

言簡必失

光甫

71.8.31

國文教師通常喜歡在批閱學生作文之後，寫上清楚明白、言簡意賅幾個字以示鼓勵。說話、爲文要達到話說得精要，意思又要周全詳盡，實在是件不容易的事。不過，這也跟說者、寫者與聽者、讀者的生活經驗和學養有關。說、寫的人可能說得簡單而扼要、寫得抽象而概括，假如聽者和讀者有足夠的學識背景和生活體驗，仍然會產生心領神會的共鳴。縱然說得籠統、寫得繁蕪些，對領悟力強的人，一樣會聽出道理，條理出頭緒，只是多費些心思就是了。

中、小學學生只有憑一己感覺所得的零碎生活經驗，和一知半解的書本知識。他們心理上的認知發展，大多數還停留在依感官知覺確認外在事物的階段。他們聽命於家長、教師、書本的權威，沒有足夠的能力對別人簡約的言辭作反省的思考，並進一步揣度言辭背後眞正的義蘊。對他們來說，眞是言雖簡而意卻不賅。所以，教師在教學的過程中，對每一個概念或語辭的解釋，每一樁事件的分析、每一件行爲的要求，都不該謹守言簡的美德，應該「言多」（多說幾句話）才好。甚至要耐其煩的求細節的描述，提供各種可行方法的選擇，尤其對低年級的小朋友。

有一位家長告訴我，他的兒子一上小學就逐漸不聽他的教誨了。常把老師的話當作聖旨，努力奉行。有一次，他發現兒子的手指甲邊緣有出血的現象。詢問之餘，才知道是班上衛生股長要徹底執行老師「手指甲不可以看到黑污」的命令，不免剪得過頭，黑污是去了，紅血印也跟着冒了出來。這位父親趁機會告訴孩子指甲的保護功能和爲什麼在修剪的時候要保留一部份空白的道理。不料，孩子忙不迭地說：「你不知道，你不知道。老師說的不可以看到黑污。」不錯，老師的話是要遵行的。家長的勸告也同樣應該接受啊！讓指甲既不留污垢，又不會出血疼痛，有許多可行的方法。只因爲老師說得簡單而武斷，天眞的孩子不免誠惶誠恐，去黑務先，不管其他了。

眞可見當家長、做老師的人，不要過份節省自己的語言，（你眞以爲一言值千金嗎？）不要讓「言多必失」的迷思干擾你跟孩子之間的言語溝通。一旦結論式的話語出口，有些人就不思不想認定你的話爲不移的眞理，另一些人則各憑一己的經驗滋生歧義。希望別人瞭解一件事情，寧可把話說得多些，多就有詳盡賅備的效果。要求別人作一件工作，寧可把話說得留有餘地，有餘就能讓聽者從容中道，作合理的選擇。

澄清湖畔

解日本結

光甫

本月一日，教育部長在立法院院會中，答覆了立法委員質詢對日本政府竄改歷史教科書事件，教育部所採的基本態度和具體的作法。這距日本文部省在今年六月二十八日指示並批准修改日本中學教科書裏面，有關二次大戰中日本一切侵略暴行的史實，已經三個多月了。欣慰的是，八、九月間，各界確實也有一陣子憤怒的抗議行動和史實展覽。現在，既然教育部為增進國民了解日本侵華史實，採取了具體措施，一般人強烈的激憤也就會逐漸地冷淡下去。

讀了朱部長列舉的具體作法，我們覺得對這種關乎民族前途的大策略，沒有作突破性的、根本的教育意圖，不免有點官樣文章，不了了之的感觸。具體作法的第一點是教育部已通知國立編譯館，在修訂歷史教科書中，切實重編日本侵華史實的補充教材。（最近國立編譯館正為審訂泛濫成災的日本漫畫畫冊的雜湊譯作，與國內漫畫家鬧得不可開交。）編譯館的工作似乎進出得太被動、遲緩了。二、三兩點是將日本侵華史實回顧展，巡迴各地展覽；通知各校史地教師，在民族精神教育資料室中，陳列日本侵華史實的資料；分區舉辦中小學教師歷史座談會。這些具體的辦法，只能讓廣大的羣衆和學生在目睹日軍侵略暴行之際，在熱烈討論之餘，產生短暫的情緒化的憤慨而已。若是稍一不愼，因陳列的圖片和文字資料陳舊、破損、零亂，反而敎人增加對主辦單位虛應故事的輕視，減低同仇敵愾的士氣。更何況大多數學校中所設置的民族精神資料室，差不多也是徒有形式。最後一點說是教育部已通知有關單位，將抗日史錄翻譯成多國文字。這一點說來容易，做到難。其中涉及到翻譯人才的培養問題，不是那種會翻譯漫畫畫册的人力足夠擔任的。

孫子謀攻篇說：「知彼知己，百戰不殆。」現在教育部的具體作法，多從「知彼」的侵略暴行、竄改史實的結果上着眼，絕少從「知彼」的民族性格、文化模式、社經結構等作全面而深入的學術研究上提示。對那個百年來模擬承缽中國文化的強鄰，我們對它既恨（恨它的殘酷侵略、陰險的卑夠、無情的巧取。）又愛（愛它的科技成就，如照相機、錄影機；欣羨他們勤謹的研究態度，如對針灸的研究，日本人已想改名為「良導絡」了。）逐漸產生一種無可奈何的冷漠情意結。事到如今，我們若不能深切自我反省，從根本上去化解並提昇這種內在情意的糾纏，光是認識日本侵略的暴行，是無補於百戰不殆的。這種對日本的情意結，使許多中國人以學說日本語文為恥，雖然他們以用日貨為時尚；也使教育當局漠視研究日本的重要，猶疑而膽怯，不能積極地在各大學、甚至中央研究院，增設日本研究的系所，有計劃地選拔、培養第一流的人才，對時時覬覦、刻刻用間於我的強鄰，作長遠而根本的研究。使知彼知己的工夫，從霎時的激情、怨憤，提昇到持續地作認知思考和全盤資訊掌握的層次。

我們認為，為民族生存計，教育部應該放遠眼光、邁開大步，多獎勵學術思想方面的研究，對日本的過去、現在、和未來作通盤的瞭解和檢討。少作形式的展示和枝節的處理。唯有深刻的研究日本及其人民，才能破除日本侵華的迷夢，解開日本加於我們無論在政治上、經濟上，甚至歷史文化上的難纏糾結。

澄清湖畔

71.10.29.

重道為先

光甫

不是外來的和尚會敲鐘，只是他們敲法的輕重急緩會驚起自家和尚的好奇和注意。那種原有的暮鼓晨鐘，實然顯出有點變調與異響。

上月二十六日英文中國郵報，刊出一篇在東吳大學音樂系任教的德籍客座教授的讀者投書。他以在臺期間的教學經驗，希望得到一些討論有關尊師問題的回饋意見。本月三日就有一位從事中國研究的英籍學者，也提出一些看法刊登在郵報上。他們兩位都認為：大多數中國學生（尤指大學生而言）太過關切尊師的形式意義，而忽略對知識本身的探究與重視。造成這種惡形的最主要原因是：各級學校以過度考試為教育的唯一手段，遂漸漸讓學生只有考試欲，沒有求知欲；使教師也慢慢習於灌輸為升學準備的記誦之學，漠視教育的真正功能。

除了過度考試，使學生的求知欲喪失殆盡之外，學校課程的繁蕪雜多，也是一個主因。學習科目增多，學生只有疲於背誦記憶各類學科的初淺而零雜的概念。非但不能收融會貫通的效果，反而養成學生為求成績及格，唯考試至上的實利態度。一切讀書的樂趣、智慧的創造、思想的啓發等等教育效能，都頓成空談與玄想。尤其對夜間部的學生而言，他們在白天辛勤工作之餘，還想勉力進修、求知不輟，只因所修課目雜多，自己讀書的時間太少，又過限在學生學分制度之下，那一點點求知的情趣、進修的意願，幾經扼殺，何復有重道敬學的生機。即使日間部的學生，大多數也不時表露出厭學的情緒。是從小學到大專聯考的過度考試，折磨得使他們棄知厭學嗎？還是過蕪的科目，壓得他們沒有餘力從事創造性的思考，對理想價值的追求？多數大學生仍然跟中小學生一樣，以記誦講堂上的筆記、教科書、和應考的資料為滿足，謹守尊師的禮儀為職責。

知識既成為升學、就業考試的敲門磚，知識的工具價值被肯定，誰還會認真而虔敬地求知識的內在價值。最不幸的是教師。教師傳道、授業、解惑的神聖功能，也就一轉而為工具性、實用性知識下的祭品。學校裏許多尊敬教師的施為，多少帶有形式的味道，也就不足為怪了。事實上，尊敬教師主要是尊敬教師所傳的道或知識，一旦教師所傳的道或知識，不能滿足學生的需求，甚至其內容毫無認知的新意與價值，究實地說，教師已失去他實質的權威，徒有形式上的職位而已。所以，重道敬學即所以尊師，重道是尊師的前提。對一個知識的追求者而言，若沒有虛心的學習態度、不下勤謹為學的工夫，沒有求知的決心，是不足以言尊師的。學記上所說「師嚴而後道尊」，以及常人所云「尊師重道」的話頭，似應改為「道尊而後師立」、「重道尊師」才是。

澄清湖畔

71.12.1

假借與盲從

光甫

假借是六書之一。說文敍：「假借者，本無其字，依聲託事，令長是也。」現在有些人，雖然不諳四書五經，卻對六書之一的假借道理，深得箇中奧秘。往往能在無本（錢）、無名（聲）、無德（行）的情況下，看出人們不用思想、盲從權威的弱點，拿雞毛當令箭，做起堂而皇之的斂財「私」業。脫荀子的說法，這些「君子」，「生非異也，善假於物也。」他們豈止「善假於物」，還善假於人，更要善假於神呢！

臺灣時報報導過：有人假借「我愛梅花運動」，經由幾位立法委員領銜，行文到教育廳，希望各校大力推行，共襄愛國盛舉。結果是「見花生情，立委弄走千餘萬；望梅止渴，學生空拋一片心。」（見臺灣時報十一月五日標題。）好看的是：大寮鄉發生的向姓男子詐得名流手跡，偽造捐款名冊斂財的西洋景。幸好臺南市長蘇南成頭腦清楚，偏不受捧人情，讓向姓男子無可假借，祖德也就流芳不遠了。最遺憾的是：一位受過大學教育的黃姓女子，竟然會深信刷棍假借神靈的旨意，陸續地奉獻九十萬元，甚至還要獻上身體。這種假借的行爲是可惡的，這批善假於物的僞君子更是可卑的。但是仔細想來，假借行爲之所以輕易得逞，一部分也得歸罪（還是歸功？）於人們沒有明辨是非的心智能力，缺乏獨立思考的習慣和訓練。簡言之，就是盲從，尤其是盲從強制的或形式的權威。

服從權威原本是好的。特別是學術研究的進行，必須根據「權威」、一種眞正具有權威性的或實質的權威，才能在學習的過程中，默契於典範的知識而避免嘗試錯誤，使研究的方向與結果得以及早轉化與創造。黑格爾雖說：服從絕對、尊崇普遍是智慧的開始。但總要以思想作爲基礎。一種不運用思想分析事理的服從，只是盲從。愚昧成爲它的結局。

胡適之在民國十九年十一月二十七日寫過一篇「介紹我自己的思想」的文章。他稱「菩提達摩東來，只要尋一個不受人惑的人」這句話，來「教我的少年朋友們學一點防身的本領，努力作一個不受人惑的人。」五十二個年頭過去，我實在看不出，在胡適之眼光中的「我的少年朋友們」學得了多少防身的本領。而現在一些中年朋友們，仍然是思想的懶惰者，既不肯努力不懈地沉潛在學術思想問題的研討上，也就無能執着於理想的建立。在「學而優則仕」的傳統意識支配下，汲汲仕途中，多的是恭謹唯命、不思不學的仰緣之士。

這一代的少年朋友們，絕大多數陷溺在升學的意識形態裏，不克自拔。日日記誦零碎的知識，在考試卷裏圈圈叉叉；天天背負成堆的教科書、升學指南，在學校、補習班裏討生活。他們那有時間「一日三省吾身」，那來能力與訓練常常思索「爲什麼這樣，爲什麼那樣。」更遑論有自己的主意和思想，作一個不受人惑的人。社會上盲從的人一經增多，假借的風氣也就沛然充塞了。

中華民國七十一年十二月二十四日

澄清湖畔

困難、困惑、睏

光甫

71.12.24

從事任何一種行業，都各自有它一些不足為外人道的甘苦。語云：「行行出狀元」。卻道盡行家持志壹氣，走完艱辛路程的榮輝，和每一行都可出人頭地的尊嚴。而「做一行怨一行」的說辭，也描繪了一般在從業行道時的心理困惑。一旦對人生的諸種活動，既不求新經驗，也不疑舊陳規，日日庸碌無為，那就如拾遺記中所說：「夫人好學者，死如存，不學者雖存，行屍走肉耳。」

英國史學家湯恩比認為，文明是「挑戰與回應」衝突的產物。假如我們借用「挑戰與回應」的觀點，來說明一個人對一種行業所面臨的抉擇與回應後的成果，作為敬業樂業的指數，也一樣適切。就以禮記學說篇所載「教學相長」而言，教學之所以能相長而不相短，甚至不相離，因為有挑戰與回應存在於教與學兩者之間。剋就教學活動中教師與學生兩極來說，學生是否能給予適切的回饋，成為「教然後知困」的前提。

「知困，然後能自強也。」教師不僅要知道學生學習的困難所在，也要反省自己無知的實情。能瞭解學生，才好選擇合適的教材，運用妥當的方法，因材施教；才能看出學生的能力性向，心理情結，因勢利導。對自己常持「無知」，「虛己」的態度，才會自強不息地，下博學、審問的工夫。不幸的是，當今大多數所謂的好學生，懷有強烈的升學第一，分數至上的觀念；所謂的壞學生卻毫無求知問學的耐心。回饋也者，是學校，家長，學生本人，斤斤計較分數的高下，或是根本漠視學習的成就。教師疲睏於知識的灌輸，測驗的反覆。他可能面對的是一羣神情木然，待填的「鴨子」或一羣蠢蠢然激動的「蠻牛」。因此，教師有深沉的無助感。其實，師生之間心靈的交會，應像火石的相摩相擊，激出智慧的光芒才是。但是，受教者的心智若木（雖然有些人自以為是一塊神木呢！）結果只落得「教然後知睏，知睏然後能自弱也，故曰教學相短。」這種疲睏，教師還可以從寒暑假中稍微得到一時的鬆弛，或者從高蹈的升學率數字中得到一絲安慰。

另一種教師的困，則是天羅地網，無所逃於天地之間的。那就是教師在教育的理想與現實的衝突中所造成的心理困惑。王國維曾道出「人生過後唯存悔，知識增時轉益疑」的感慨。對一些好學深思的教師來說，他們每感於主其事者對教育現況的僵固，教育觀念的保守，教育作業員的辱學凌師等等情況，毫無突破求精的作為，不免興行遯的念頭。對部份在職進修的教師而言，教育理論的探求，對他們實際的教學工作，反增加無形的困擾。許多過去習以為常的教學慣性，益發使他們疑慮起來。從好的方面看，困思足以勉行，這正是提昇教育人員素質，轉變教育風氣的契機所在。從另一角度觀察，教育主管當局，不能拓展一個良好的教育情境，讓人安心教學；不能運思，主導一個崇高而遠大的教育理念，來接引獻身於教育，文化事業的仁人志士，許多教師的困惑在此。

日日是新年

澄清湖畔

光甫

72.1.17

翻完最後一張月曆或撕下最末一頁日期，七十二年的新春應該耀然在目。可是，隨着經濟不景氣的影響，大多數的公司行號已經沒有足夠的盈餘，像往常一樣印製精美的月曆和日曆分贈客戶了。所以，大多數家庭和辦公室今年似乎掛不上許多五彩繽紛的日曆。日子雖然總會過去，然而過日子的氣氛和滋味卻不會一樣的。

對過慣舊曆年的人來說，元旦只是日曆或月曆上一個假日而已。絲毫沒有除舊佈新的動靜，和王小二過年的心情。大有「平常心是道」的一種了不得的修養。無門和尚曾作了一首詩爲「平常心是道」下個註脚。他說：「春有百花秋有月，夏有涼風多有雪，若無閒事掛心頭，便是人間好時節。」不過，一般人非但有閒事常掛心頭，還有數不清的正事纏夾着生活，人間難得有好時節了。

事實上，除舊歲、迎新年，正說明了人們心理上求新奇、求改變的需要，甚或精神上求釋放的滿足。且不論「年」的神話表達了一種人類避過凶惡，重獲生命的喜悅。就以通常家家戶戶在歲末，祭灶掃塵的習俗來看，除歲另有一種人類學上的意義。十九世紀初美國一位探險家發現，有一族印地安人在慶祝「新果節」的時候，將所有髒舊的東西和剩餘的穀物、乾糧統統燒毀。齋戒三天之後，各家將火一起熄滅。第四天，再由年高的族人在廣場上重新鑽木取火，傳送給每一家新的火種。這種儀式揭示了人類外除髒亂、內淨心靈，革新生活的一個崇高而有意義的文化理念。不僅人類要祈福禳災，歡天喜地的迎新年。就連一隻昆蟲，當它由蛹破繭，蛻變爲一隻艷麗奪目的蝴蝶的時候，它迎向陽光，禮讚新生命的獲得，究實地說，它在過一種年。

眞可見過年仍是一種生活的改變，更是一種生命的提昇。掛在牆上的日曆和月曆，固然顯出節慶，點綴了生活的情趣；懸在心中日日求生活充實與完美的思慮，更有刹那即永恆的理趣。雲門有一次問僧徒說：「我不問你們十五日以前如何，我只問你們十五日以後如何？」僧徒皆不能回答，於是雲門便說：「日日是好日。」跟雲門的僧徒一樣，我們對禪師的突然一問，會頓時啞口無言，或滔滔不絕地陳述十五日月圓之後，應該如何如何。在新舊交替之際，我們對舊歲月常感深沉的悔恨，對新日子總抱無窮的希望。然而。日子畢竟是沒有新舊之分、好壞之別的。一旦我們在心理上能日日關心生命的更新，在思想上時時發揮創造的潛力，在行爲上刻刻突破僵固的惡習，豈止日日是好日，道是日日是新年。

中華民國七十二年三月四日

澄清湖畔

五育病重

光甫

在百業蕭條，產品滯銷，經濟不景氣聲中，唯獨教育活動仍然頻繁。國小畢業生升學率，高達百分之九十七點四，每一萬人之中，就有一百九十一人是大學生。雖然教育產品有些問題。改善生產品質，先要從改善企業結構、開導新觀念做起，只要使出積極的魄力和精神，才漸見成效。光是痛心傷感，於事無濟，徒增無力感而已。

去年在臺北教育座談會中，教育長官替教育望、聞、問、切，慨然診斷我們的教育已得了惡補、不良少年、近視三種癌症。既是不治之症，也只好盡人事聽天命了。不過，我們寧可認為惡補、不良少年、近視也不過是重病的徵狀而已，或者只是填鴨式的知識灌輸後，消化不良的現象。病因在那裡？

二百二十年前，盧騷在他的「愛彌兒」書中，第一句話就說道：「無論何物，出於自然氐創造，都是好的；一經人手，就弄壞了。…人只有使人變為破壞而已。」我們的病，就在這裡。病在人為的干涉太多。在上看，不論是教育官員、校長、教師、家長，對他們的部屬、學生、子女總不放心。干涉多於自由，灌輸先於理解，命令替代溝通。當然，升學主義觀念的深植人心，也增強了這種人為的干涉。

負責規劃全國教育事務的人，兢兢業業，凡事過問。大自教育目標的釐訂、制度的建立；小至學生頭髮的長短、書包的重量、參考書測驗卷的運用，無不插手其間。致使主管地方教育事務的人，聽命唯謹，對屬於地區性、本身業務範圍之內應興應革的工作，不能勇於獨自承擔職責。凡事只好請示、反應。最近，教育部因廳局的反應，進一步為防止有的學校在寒假期間仍然實施課業輔導，成立國教教學正常化巡迴小組，分赴各地取締未按規定辦理的學校。

實施地點，各級行政區域和地方機關應該發展特色、分層負責。不同的地區各有其特質和個別的需求。就以學校而論，大城市中的學校，無論在學生的素質、區域性文化、經濟、社會的條件、地方人士對教育的需要，都與一所在山上、海濱的鄉村小學校，是截然有別的。即使同一所學校裡，每一班的學生程度、需要、興趣，也大不相同。我們怎能固守同一個標準去衡量所有的學校，怎能虛懸唯一的教育目標去裁齊每個學生的個別差異，怎好苦心經營一張聯考升學的網或一式一樣的學習模式，去限制選擇的自由。「人硬想要一國產生他國氐物品，一樹產生他樹氐果實。完全不顧風土、季節；猶如捕捉犬馬奴隸，而切斷其手足。」盧騷自然主義的觀點，仍舊切中時弊。

有些作校長的人，不甚瞭解教育的本質，不太尊重教師的教學權。為了提高升學率，（事實上，校長也無可奈何，升學率的高低往往是評鑑他辦學績優與否的唯一保證。）他們不能放手讓教師依循教育的原理原則施教；他們個不過學生潛能的發展。「能力」分班是普遍的辦法，成績競爭是無上的手段。甚至要當着全校師生宣讀各班考試成績的名次，激發教師的恥感。

當教師的人，懍然於教育的使命感，還要顧慮生活的資源和工作的保障。他們不得不領着學生沉浮在知識灌輸、升學補習的苦海裡。在他們的眼中，學生像似一羣無主的鴨子。教師的責任不在趕（趕考試、趕進度），就在填（填滿時間、填足資料）。他們那會不知道國民教育是以養成德、智、體、羣、美五育均衡發展健全國民為宗旨。但是，為了自己的榮譽，和遵照教育行政上的規定，他們怎能容忍學生的個別需要和自我成長。（考不及格固然要打，即使差兩分一百也該挨打，打兩板以警告學生的粗心大意。）教師的教學心態逐漸僵固，視智育是教育的全部，以升學是健全國民走向成功的唯一途徑。他們盡作揠苗助長的工作，多不會，也不能心平氣和地，靜觀萬物的自得。

五育並重是理想的教育目標。至少教育人員是口口聲聲稱道的。可是，一般家長所期望於學校的，是智育至上、升學第一。作家長的人，不免時時刻刻為孩子的學業、成績擔心、為升學準備操勞。甚至，有些家長一等孩子上國小一年級，就開始安排補習的計劃來，一步步逼着孩子擠向升學的窄門，絕不鬆手。他們千方百計遷戶口、託人情，讓孩子編進明星學校的升學班或資優班，全然不管孩子的資才與興趣。他們對心理輔導人員所作的建議和忠告，那會放鬆心情，言聽計從。

人為的干涉與升學的執迷，實相表裡。尤其中國社會重情境中心的價值取向，一般人難逃升學主義的枷鎖。執迷一日不醒，干涉一日不息，教育的重病是難痊癒的。

當學生就得接受考試。為了考試，學生不得不強記許多知識，也非得瞭解其中根本的道理不可。但考試不比討論和研究，可以就問題或事實條分縷析，從容運思，說出明白的理由，作出妥切的結論來。考試要求即時的、正確的答案。受試者要把在書本上、筆記本上所記所學的東西，統統回饋到試卷上。為了評分的公平與快速，唯標準答案是問，是非題與選擇題就成為考問學生的最佳測驗方式了。然而，天下事理恢詭譎怪，事未易察、理未易明。那能用一個圈叉或一、二、三、四可以輕易打發過去。

臺灣大學校長虞兆中先生曾在一次集會中指出：「我們現在的考試只要求填寫標準答案，標準答案是沒有思想的答案。如果我們的教育還是一味追求標準答案，那我們的青年將一代不如一代。」智哉斯言。是非題往往只求一個標準答案，究實地說，是最沒有是非、最窒礙人思考的測驗方式了。能劃出圈叉對錯，不算眞明白。眞明白一定得經由慎思、明辨的工夫，能對一個問題持之有故、言之成理。

有一位小學教師，曾經出過一則有關「生活與倫理」的是非題。題意是「我們探訪病人的時間，要愈快愈好。」標準答案是「對」。因為上課的時候，老師如此說；書本上也那麼講。所以，好學生也照樣如此作正確的選擇。這眞是一種典型的灌輸式教學。正應了虞校長的話，標準答案是沒有思想的答案。幸好這位老師及時省悟，把題目改換。

教育的本意既在「引出」，就得讓學生各本自己的感覺和想法，說出或做出最妥當的結論或辦法。學生的想法和辦法，也許幼稚和不切實際，但總是他們自己運思構想的結果。讀書原本在明體達用，非嚼古人糟粕而已。知識也者，不過是開啓吾人心智的資料和工具。教學生如何去想、想什麼，遠比教學生如何去記、記什麼重要得多。凡事要問「為什麼」，這是思想的開始；不要只問「是什麼」，那是思想的終結。我們認為在許多是非題後面，應該加上一句「為什麼」，讓學生說出理由，甚至對問題本身反省。就上舉的題目而言，病人可依病況輕重，分為若干等級。有病重，需要靜養、避免打擾者；有病輕，需要有人陪伴聊天解悶，或者協助照料一些雜務者。再加上探病者與病人之間親疏關係的不同，其結果，探病時間的快慢久暫，決不是「愈快愈好」一個答案可以了結。探訪者要衡量多種條件和情況後，才能作一個圓滿的或快或慢的取捨。我們對許多事理剖析愈深，內在的條理也愈明白。能掌握的條件既多，愈能下逼近眞理的判斷。

是非題只能是其所是，非其所非。是非既定，思維告退。就思想的啓迪與開創而言，莫若培養學生開放的心靈，反省思索的習慣。教學生不單記「是」、記「非」，更能理解形成「是」、「非」的許多「為什麼」。英國哲學家羅素認為哲學的價值，「一方雖減少我們確定萬物是什麼的感知，他方卻增加我們對於萬物可以是什麼的知識。」「是什麼的知識」將我們局限在一個現成的、封閉的世界裏，「可以是什麼的知識」卻展示我們有一個可以無窮追索的宇宙。

72.6.18

澄清湖畔

是非題沒是非

光甫

澄清湖畔

專家如是說

光甫

72.5.26

經常讀報的人，多會發覺，每當社會上發生重大的搶劫案、駭人的謀殺案等等的時候，總有一些專家出來分析案情的前因後果，提出若干頗為迷人的結論和建議。他們常把犯罪的動機和惡行，歸之於社會的變遷、經濟的萎縮、利益分配的不公、甚至大眾生活的脫序。罪犯反成為變動社會中的犧牲者，其罪行似乎是值得同情了。

同樣的，一連數起的校園暴行發生之後，教育專家就憂心忡忡地指出許多學校管理不當、教師缺乏愛心、課程設計繁蕪、教材內容枯燥、教室人數過量、社會風氣乖戾，以及考試多、競爭烈諸如此類的一大串理由，為那些看似無辜的學生開脫罪愆。大學生蹺課現象，一經傳播後，立即有專家數落蹺課的外在原因。愛護青年之心，眞是殷切。

許多敬業、樂業的教師，聽到專家的建言和指責，不免氣餒力挫。甚至有些中小學學生，拿著報紙，藉所謂專家的權威言論，公然向教師質問，為自己的怠惰、愚昧、自暴自棄的行為掩飾。作教師的人，不得不有莫可奈何的無力感與無助感。

從事實際工作或活動的人，自不當非議專家的忠告。可是，許多專家往往只在理論上鑽研，無視於實際活動的進行；只用普遍的原理去條貫個別的經驗，但不知特殊的個別事象才是形成或修正抽象原則的唯一保證。談婚姻問題的專家，可能是一位沒有婚姻牽掛的人，談青少年問題的專家，可能只從青少年心理學書上得到知識。對中小學教育實際問題作診斷的專家，可能沒有教學的經驗。大聲疾呼絕對不可體罰的人，也許他不曾養育過孩子。即使如此，專家之言是該聽的，雖不一定順耳，因為他們是學有專長的人。

現在一般人，包括專家在內，不經意地受到科技發展的影響，相信行為心理學的理論建構。認為人只是一具有機體，沒有內在的精神主宰能力。人的行為，也只不過是外在環境的函數而已。所以，青少年的校園暴行、大學生的蹺課、社會上諸種犯罪行為的產生，都是由於家庭、學校、工廠、或其他社會環境的缺陷所造成。

想一想，孔子勸勉人要「見賢思齊，見不賢而內自省。」不是要我們把一切的過錯，歸罪於外在的環境。雖然說，外在形勢比人強，但是主觀的努力，仍然可以改變客觀的情勢。主觀的努力，其實就是孔子所說的「思」與「內自省」。曾子有一日三省吾身的習慣，故能成其賢。胡適之在「留學日記」裡，常常自勉「吾之職，是對於社會之責任，唯在竭吾所能，為吾所為。吾所不能，人其舍諸？」他以為「吾國之學子有幾人能道李、杜之詩，左、遷之史，韓、柳、歐、蘇之文乎？可恥也。」故發憤自課。同時，在「勸學」一項規定自己「每日至少讀六時之書。讀書以哲學為中堅，而以政治、宗教、文學、科學輔焉。」所以，在中國近代思想史上，胡適自有他啓導的崇高地位。

對於心智能力正在發展中的學生而言，學校除了改善物質環境以外，不也更應該創造出一個更理性、更人性的精神情境，供學生不但能感於外，動於衷，而且也會省於內嗎？重內省、反觀、自我主體性把握的方法，也許會被智者所笑，那也不過是一種如是說而已。

成功與學做人

▲澄清湖畔▼

光甫

72.9.12.

考季的緊張氣氛已經淡去。繼之而起的是中榜者的歡欣、落第生的沮喪，選校選系科的徬徨和文理補習班的熱鬧。許多家長在子女既取高中又中五專的欣喜之餘，不免又陷在取捨高中抑五專的兩難困境中。一般人的想法是，讀高中是入大學的預備，當大學生是成功的表徵。可是高中三年的苦讀能否保證成功，尚在未定之天，更何況又得面臨三年的升學夢魘。有些人躊躇起來。五專的前途雖不若高中，但可以確定的是，五專生免於升學的壓力，應該有較多的機會發展個別的潛能，培養快樂而穩健的人格，有些人就欣然而往了。

在升學爲主導、士大夫觀念仍舊迷漫的社會潮流下，作一個成功的人比做一個快樂的人來得重要。我們不禁要問，考試上榜是一種成功嗎？假如一個人不能繼續發揮他的潛能，不能常保求知的興趣，甚至唯讀書考試是務，不能通情達理，快快樂樂地爲人。他充其量是個考試成功的人。就事而言，成功意指一項工作的完成、一個目標的達成或一種理想的實現。就人而言，成功並非只是辛勤努力的結果，更應該是快樂地欣賞結果，與人分享成就的開始。一個既不想繼續學習成長，又不能和別人分享快樂的人，算不得是成功的人。有快樂的成功才是眞成功。

世上有許多所謂成功的生意人，他們的生活了無生意，並不快樂。他們只有賺錢的技術，卻沒有用錢的藝術。財富塡得滿他們的慾求，卻買不到內心的平安。許多名成業就的貴人，往往在權力、名位的爭逐中，變得虛情假意或冷酷無情，拒人千里。既出賣自己也拋售別人。許多優異精英之士，在學成之後，往往就自我狂妄起來，無視於新知的增長、思想的變遷，遂獨斷意見。這眞是做事的成功、做人的失敗，行事失敗，猶可補救。做人失敗，除非深自惕悟，幡然改圖，否則終身抑鬱，落寞一生。做父母的人，應該敞開心胸、放遠眼光，重視子女好學的習慣和與人爲善的快樂性情。一個時時求進步、事事求精確、常常好學習、處處受歡迎的人格，才是成功的保證。

英諺有云：對用感覺而活的人來說，人生是一場悲劇；對用思想而生的人來說，人生是一場喜劇。常人總是隨風尚沉浮，爲現象所迷惑。以中榜爲喜、落第爲憂。都以爲跟大家一樣就好了。可是，「大家」是一個抽象、不實在的空名。唯有靠自己努力不懈的學習，發揮自己的特點，才有成功的前程。人只有不斷地思考、學習，才顯出存在的意義與人的價值。俗語說「活到老，學到老。」現在醫學發達，「活到老」是輕而易舉的。「學到老」卻不是一件容易的事。它需要毅力和決心，需要從小時候就養成的好學習慣。我們應該把這句話倒過來說，「學到老，活到老」才有積極指導的意義。後面還可以加上一句，「不學就活不了。」

澄清湖畔

教官也是教師

●光甫

72、9、19.

一般人總不免誤認教師是容易幹的行業。只要一根教鞭，就可管住學生；一本教科書就能誨人不倦了。粗看起來，教師沒有醫師望聞問切的醫術，也缺少理髮師修剪剃刮的本領。可是，教師有傳道、授業、解惑的悠久傳統。教師不但要懂得如何教的技能，更要明白怎麼陶冶人格的藝術。訓練教學的技能，可以速成；而陶冶人格、改變氣質，非要自我修養、積漸不可。

教育當局爲了提高教師的專業素質，從五十七年起，每年利用暑期開設教育科目的在職進修班，讓非師大師院畢業的學生，而已經在從事教育工作者，給予修習教育科目的機會。十五個年頭過去，對暑期在職進修的功能評估，有關單位始終沒有提出一分報告，作詳細的檢討。許多人都持「只問耕耘，不問收穫」的態度，深信進修本身就是一種爲善的過程，何必管它的結果。至少，大部分教師經過兩個月的密集教育學分的修習，在教育理論與教學實況的衝突下，多少會激起他們對教育問題的反省；會重視教育主體——人的尊重，以及教育氣氛的培養。

學校裏除了教師以外，我們也不可忘記教官的存在。教官在學校裏，扮演一種很特殊的角色。他們要管理學生的生活常規。講禮貌、守秩序、求整潔，正思想是他們要求學生的工作重點。有些教官的要求繁瑣，時時耳提面命，總讓學生有婆婆媽媽的感覺；有些又要求太過苛嚴，常常頤指氣使，總教學生有氣氣呼呼的情緒。教官的用心良苦，他們要做慈母，又得扮嚴父，結果兩不討好。

其實，學校裏的教官，都是在軍中經過甄選出來的優秀軍官。他們無論在學識、能力、品格方面，都有傑出的表現。只是一到學校服務，客觀的條件改變，他們離將校英雄的機會遠，距老百姓的機緣近。主觀的自我形象既不易突破，難免不與同校的師生，在觀念、作法上產生隔閡。無力與挫折的感覺隨之而來。不過，人有求生的智慧。經過一段學校生活之後，有些教官漸漸淡忘軍人的本色，跟人計較工作輕重、爭取超支鐘點起來，放棄管教學生應有的原則與分寸。事事妥協、時時討好。有些教官則仍然偏於軍人的職責，固執自己的理想與實踐。視學校爲訓練營，把學生統統看成一行行的士兵。凡事求鐵的紀律，絕對的服從。

教官既在學校裏服務，他們也是一種教師。凡是教師應具備的教育專業知識、教學的技能、教師的品格，他們也不可少。教官若是不瞭解一點青少年身心發展的特徵，他們如何去指導學生的行爲？若是誤認訓練就是教育的全部，他們就視人爲物了。現在既然有人在教育專業的回應中，提到教官管教的問題，教育部豈能默而不察，不了了之。我們認爲教育部在改革師範教育計劃的諸種方案中，不要只做師專師院升格或成立師大總校區的大構想，應該做一點切實可行的小成就。教官在學校負責學生言行的輔導工作，讓他們利用暑期到師大師院、進修教育科目，也是必要而公平的事。

理解情結

澄清湖畔　‧光甫‧

72.12.8

世說新語裡載王戎的一段話，說是「聖人忘情，最下不及情，情之所鍾，正在我輩。」可見一般人都不免爲外物所役，激發出好惡喜怒哀樂的情感，釀成一個有人情、仁情的世界。只有少數聖人才能做到「有人之形，無人之情」的修養。事實上，人除了有情，還有思想。人的思考作用會衡量種種情況，使人「無過情、無不及情」，達到中庸所謂「發而皆中節，謂之和。」的境界。人有思，所以能認識外境、反省內觀；人有情，所以能以情絜情，點染自然，讓萬物富有情趣，充盈價值。情是生命的活力，就像水，水滋養大地，使草木爭榮、百花競艷。喜怒哀懼愛惡欲的情感，一經蘊發，人生就眞像花籃一樣彩色繽紛了。然而，七情的活力易於奔放、難受阻控，所以恢詭譎怪的情結也就隨之而起。

人的心理情結，常跟人的成長相始終。童稚時期，無知無識，絕無「心有千千結」的情懷。年歲增長之後，對外界人事物的交往頻繁，生活離題迭至，心理的情結也遽然緊逼。如把人生比作花籃，倒不如比作一條打着許多結的繩索更能傳神。人的一生要打許多可欲的結，也要解無數不可欲的結；人的心智能力發展後，自然要結繩記事，把生活經驗留下，也會編織理想，求自我的實現。每個人都會按自身的能力、需求、興趣，爲自己設計可欲的「喜」結、「福」結、「祿」結和「壽」結。但是，人生歷程中更有許多意想不到的糾纏死結與取捨兩難的情結。這些不可欲的結，是人鍾情於外物所必有的結果，似乎與生俱來。

每個人受情所困的輕重程度不同，謀求解決的方法也因人而異。有些人，生命的情結過於纏夾，自己又無足夠的能力與勇氣去慢慢地解開千結百絏的繫累，只好憤然剪掉人生之索，歸於空寂；也有些人無視於現實的存在，躲在另一個生活天地裡，編結着虛幻。好在絕大多數的人，能從容中道，運用自己的理智，勇敢地面對現實生活中許多難解的糾結，去觀察它、理解它。理解不只是明白現象的前因後果和種種紛亂的線索，而是積極地根據一種理論或某一個觀點，去條理或化解心理的錯綜情結。

哲學可視爲一種理。因爲哲學不僅教人下反省思索的工夫，同時，對中國人而言，哲學更是一種教人從生活中挫敗、痛苦中尋求超脫的自我修養。孔子「憂道不憂貧」，「朝聞道，夕死可矣。」的生死智慧，固可激勵人心、影響世道。那「安時而處順，哀樂不能入」的道家懸解境界，也能發人深省，提供一種自解物結的觀點。再者，現代一些心理治療理論也藉科學的實證與哲學的思辯，開展出許多獨特的心理治療方法，幫助精神病患者解脫心理的鬱結，更新生命的意義。諸如弗蘭克爾的意義治療法、艾理斯的理－情相契治療法、實存哲學的人文化成法，都能爲現代人，提陳一套化解情結意結的理論與方策，讓人生可欲的結更美麗，不可欲的結早鬆散。

大人難爲

【澄清湖畔】光甫

73. 3. 1.

「兒童是國家未來的主人翁。」這句話多年來已成口頭禪。不過，按現在社會的許多情況來看，兒童不必靜等未來，他們現在已經是主人翁了。一般家庭，尤其是兩個恰恰好的小家庭，都把子女奉若神明，日夜供衣供食；對要升學的子女，更是小心侍候、敬畏有加，生怕得罪神明，使全家人寢食難安。社會上許多人信服學者專家的意見，認爲兒童才是教育的中心。教育工作者，也對從動物行爲實驗中所歸納出的學習原則，深信不疑。認爲運用在兒童的教學上同樣有效。因此，對兒童需求的滿足、個性的自由、興趣地學習，奉爲教育無上的律則、不易的眞理。

小子說：我不要吃早餐！這種早餐不對我的胃口。我不想吃早餐，因爲我的情緒不好。學童說：我不要讀國文、算數學！國文、數學，還有其他科目，都不能滿足我的生活需要。學生說：我對上課沒有興趣！都是教材枯燥，教學方法既單調又刻板的錯。青少年說：我的行爲偏失都是外在社會環境影響的結果，我們是犧牲者。年輕人說：成人的權威太重，學校的干涉太多，我們失去了個性自由發展的機會。總之，所有的主人翁齊聲宣告：都是大人的錯。許多人，包括家長、教師和專家學者，也懾於兒童中心的學說，不時爲後生小子辯護，認爲青少年犯罪是無辜、體罰爲不當、師長太嘮叨，甚至口頭的訓誨也視爲有辱學生的人格尊嚴。於是，小人得志，大人難爲。許多教師放棄人師的職責，視訓育工作爲畏途。家長也感嘆時代的轉變，認爲作子女的，竟然無視於父母的厚愛與期望，恩將仇報起來。

有些成人，常常自我解嘲地說：過去在他們當小孩的時候，社會上推崇「天下無不是的父母」的價值觀，現在，他們可當上父母了，而社會上、學校裏，卻時行一切爲兒童的風尚。一切爲兒童，原本也無可厚非，只是許多人忘記兒童會變成明日的大人，人人會生長的事實。所以，往往對兒童外在的照顧，供養愈多，主人翁也愈發驕縱依賴，竟至喪失從自身的經驗中得到教訓的機會。聖經裏浪子回頭的故事，頗富深意，只不過浪子所付出的代價太大。可是，人生的智慧也唯有從飽經生活的挫折、痛苦的歷程中，才能證悟。那麼，如何教學生自我反省、獨立自處、承擔責任的一種剛健的教育理念，實在是值得提倡的。

作教師、家長的人，應該要讓學生或子女知道大人的心思和感覺，要教他們想想自己行爲的輕慢；應該讓他們能爲別人作什麼？不要只期望別人爲他們作什麼？不要替他們作選擇、下決定。讓他們獨立思考、自由抉擇。因此，也讓他們有承擔一切責任的勇氣。教他們明白自己行爲苦樂的計較，全在自己意志力的表現；教他們常常反省內觀，不推諉過失，不訴諸激情；教他們相信：認同典範、遵從普遍（如道德的普遍性）是智慧的開始；個性的放縱，無助於創造力的發揚。

孔子對「不憤、不悱」的人，不去啓發他；只有對自行檢束、自願受教的人，才諄諄善誘，未嘗無誨。「不憤、不啓；不悱、不發」，雖從消極方面立論，而所施行的，正是一種剛健的教育方法。現在多數父母和教師，在管教子女、學生的時候，每每陷於「兒童興趣」與「成人價值」兩種觀點的取捨焦慮中，左右爲難、是非難斷。做大人的；惟恐給予太少，沒有不全心全意的照顧；做小孩的，反嫌得之太易太煩，大多數不是一心一意的作對，就是無心無意的忘情。想想孔子的一句話，「不曰如之何、如之何者，吾未知如之何也已矣！」爲大人者，也可以心平氣和了。

土地婆之仁

光甫

73.3.4.

從表面上觀察，男子是一家之主。事實上，掌一家管理實權的、多數還是女子。若依生物學上知識而論，雄性往往是雌性的附屬物。在當今男性中心的社會裏，許多男子對女子無才的刻板印象；和調侃女子的說辭，也許可解釋爲一種男性自卑心理的補償作用。西方人認爲：世事紛擾，都是夏娃惹的禍。中國人也多認定「女子是禍水」。孔子早就有「唯女子與小人爲難養也」的感嘆。近人有謔取書名「五七一一四三八」（吾妻一一是三八）來開女子的玩笑。閩南語讀音「三八」，有傻呆的意思。吊詭的是，世上許多「三八」妻子，都非常精明能幹。

在本省各地所供奉的土地廟裏，幾乎是清一色的土地公，絕少有土地婆陪坐的。怪土地婆「三八」嗎？根據民俗學家的說法：很久很久以前，土地公的心腸仁慈，凡是來向他求取財富的，沒有一個人不如願以償。土地婆在一旁就發話了，認爲假如世人都享有財富，還有誰肯勤勞工作。甚至到那裏去雇用一些下人來爲自己嫁女兒的雜事張羅。土地公一想有理，以後就不再輕易散發金銀財寶了。世人對土地婆就記恨在心。人除了求財以外，還要延壽。因爲土地公心存仁厚，所以凡是來求生的，土地公莫不讓他們長命百歲。這時，土地婆又說話了，認爲人若有生無死，那麼世界上的人愈來愈多，結果會變成一個人吃人的世界。土地公於是恍然大悟，以後就再不理會人間生死之事了。從此，世人對土地公虔敬膜拜，企圖重獲垂顧，對土地婆的不仁，則痛怨至極，乾脆將她請出廟門。

世人常用「婦人之仁」、「婦人之見」一類的詞句來諷刺女子或一個男子優柔寡斷的性格、現實淺薄的見解。事實上，土地婆的眼光遠大、識見高超。她關懷人類全體的福祉。她的婦人心思，才眞是大仁大智，不像土地公的仁，只是柔弱的小仁小惠而已。在中國史書上，我們不難發現，許多赫赫有名的女子，如紅拂、紅線，她們的風采和膽識，使得與她們同時代的男子相形見拙。可見，婦人之仁，非但不應是一種消極的貶辭，而且更有剛毅的精神在。

現代社會，強調男女平等，女子與男子，同享各類教育的機會。作爲一個現代女性，無論在增進知識、追求幸福、選擇自由、發展抱負的機緣上，都遠多於過去的女子。相對地，她們在家庭中教養子女，在生活上處理事務、在社會上成就事業所承擔的重任與壓力，也爲過去女子所無。現代女子若要擺脫「婦人之仁」的俗見，重塑新的形象，首先要培養寬大的胸襟。寬大是不計較、不猜忌、識大體、能寬容。許多女子常懷小心眼的器量，不免自怨自艾，陷自己於孤絕的境地。要解除這種鄙陋，唯有養成終生學習的習慣，不斷地吸收新知識、新觀念。知識的領域既廣，生活經驗的層面也隨之開拓，女子也就不會以小智小惠爲滿足了。

古希臘斯巴達人，著重女子教育，以爲天下強健的男子，都由強健的女子養育。縱觀男子一生，自小到大，都在女子的呵護下生活。且不論母親的養育之恩、妻子的伴侶之愛，甚至就女兒對年老父母的孺慕之情、照拂周全，都是女性至仁的發揚。誰說婦人之仁不好？好個土地婆之仁！

〈筆端〉畢業歡樂少

／張光甫 73.7.11

畢業原是讓人高興，引以為榮的事。有人說畢業的次數愈多，人愈優秀，想來也不無道理。不過，近年來，畢業的氣氛，似乎歡樂少而悲愁多。除了本來畢業典禮中，有意醞釀離緒，讓畢業生淒淒然飲泣外，又加演畢業禮成後的討債報怨的校園暴力憾事。至於，畢業就是失業或失學，也讓學生和家長憂心忡忡，寢食難安。

俗語說，人生無不散的筵席。我們似乎可以肯定，學校也無不哭的畢業典禮，尤其以女校為然。大凡畢業典禮，不論是小學、中學和大學，主其事者，都會選一位腔調高亢，富於表達哀傷情感的學生（絕大多數是女生）；在台上或台下吟畢業生致答辭。語詞裏總憐惜時光的流逝，哀人生短暫，不能與老師同學朝夕相處，恨不得再留下來學習云云。使得在場的許多感情豐富的學生、教師和家長也如訴如泣起來。據說有一位女校校長，每年畢業典禮必定挾其豐沛的情感，作珍重「秀」一次。使畢業的學生，不勝其「秀」，反覺得無趣了。

就本質上言，畢業真像斷奶。師長應該鼓舞學生剛毅的勇氣和割捨的決心，去面對另一個人生的挑戰。學生也應該以成長為榮，運用在學校習得的知識；在生活中磨鍊出的知慧，懷着師長的祝福，充滿信心地走向自己的前程。畢業典禮中，應無神傷的離別，只有歡樂精神的高揚才是。

學校教育功能的落空，畢業典禮終不免是一場祭禮，或是一場驚心動魄的武打劇。尤其以國民中學為甚。許多國中生塡滿三年時光，塡不滿成績單的分數。在學校裏，他們既學不到基本的知識，也學不好謀生的技能。學會的只是世俗的惡習與魔道。他們沒有多少自尊，只有屈辱；沒得到多少關愛，只是冷漠與疏離。他們不能為學校增高升學率的榮譽，可也有為學校知名度的本領。於是，輕者敲破學校的門窗玻璃，重者焚燒教室的桌椅。他們心中的積怨指向某些訓導人員和同學，新怨舊恨都要在畢業典禮後清償。學校邀家長、來賓到場觀禮，也召來警察先生壓陣。

對某些科系的畢業生來說，畢業就是失業已不是新鮮的事。對許多國中、高中的畢業生而言，畢業等於失學。好在補習班收容他們一段時間，國四生和高四生的天空是愁雲滿佈，他們在等待另一次畢業、升學的熱潮。

畢業果眞有開始的意思，是教育悲劇的開始嗎？

〈筆端〉

說做人

73.7.27.／張光甫

童話書裏，有一則說到鄉下的老鼠和城市的老鼠相互拜訪的故事。鄉下的老鼠雖然吃住粗糙、簡陋，但是一天到晚都隨處遊玩，隨時尋找東西果腹。日子過得很快樂。城市的老鼠邀他的朋友到家裏作客，招待鄉下的老鼠住豪華的公寓，吃精美的食物。可是，從早到晚都得提心吊胆，東躲西藏，日子充滿着緊張。結果，鄉下的回到鄉下，城市的回到城市。他們都習慣成自然了。

說完這個故事之後，我問我的兒子：「你願意做鄉下的老鼠，還是城市的老鼠呢？」他毫不猶疑地回答：「我不要做老鼠，我要做人。」這個回答，好似一記悶棍，使我茫無所應。名作家子敏說得好：「弱者，你的名字是父母。」我眞佩服他的明智和慈悲。

不過，做人也不容易。古今能有幾個完人？首先讓我想到的是做一個成熟的人。成熟是指生理發展與成長，趨於穩定，告一段落；也指心理上，認知、情緒、人格和社會適應能力的和諧發展。少年人「血氣方剛，戒之在鬭」，「嘴邊無毛，記事不牢。」正說明年輕人的不成熟。成熟的人，在處世爲人方面，總是開闔自如，進退有據，他是那樣的圓融週到，不會得罪一個人。教人沒法說他一個「不」字。正好像一隻玲瓏剔透的果子，成熟正是它光彩的標誌。可是，也潛藏着退色衰落的陰影。孟子勸說：「大人者，不失其赤子之心。」正好借來說明，一個「不成熟的成熟」的觀念。成熟既是生理上、心理上生長發展的實現，那麼，不成熟是指潛能繼續發展成長的可能，或者是一種突破思想，重塑舊習，再造心境的工夫。做人最忌思想的封閉，無視於事象的流變；最怕情感的枯竭，漠然於天地化育，人生有情。唯有常保赤子之心，不成熟的潛能，才能更新老舊的生命活力。

其次，讓我想到的是做一個好人。好人固然從道德行爲着眼，但基本上，他應該先是一個成熟的人。社會上多得是好人好事。可惜的是，多數都是老好人。着一「老」字，好人的境界全消。我們常發現許多人，尤其是俗吏，都是好人模樣。他們爲了要努力建立好人的形象，可眞是一下子老了起來。處事要面面顧到，不違逆上司的意見，不干擾民代的利益，還要附順輿情，討底下人的歡心。他們只好收拾正義公理，規避善惡是非，委曲求全地做老好人。如此說來，做好人，可；做老好人，不可。政大心研所所長黃國彥常自嘲地說，許多人說他雖然年輕，但做起事來，倒成熟幹練。就是不會做人。他細想一下道：「我有兩子（還是雙胞胎），兩女。我不會做人，誰會做人？」

〈筆端〉

學生爭奪戰

／張光甫

73.8.16

做老師的人，沒有不牽記孟子的話：「得天下之英才而教育之，一樂也。」事實上，現在各級學校在升學壓力下，教英才的老師，也不見得快樂；至於教到不升學的班級，更是痛苦不堪。教師如此，學校又何嘗不然？許多高中與五專，每年扣壓報到學生的畢業證書，展開爭奪「英才」的教育熱忱，眞使教育行政單位頭痛，學生家長氣惱，社會人士困惑。

現在，學生已變成搶手貨，不再是一個生長的個體。貨物是牟利的工具，所以，老板要估量進口材料，要核算加工成本和銷售盈利。然而，人不是貨物，人的成長，其本身就是目的。教育應該是一個引導個體走向他自己的溫柔歷程。學校那能用不合理的手段搶學生過來灌輸、訓練和塑造？學生既是硬搶得到的，他們那會對學校產生好感、對教師表達敬意？學校也反過來視學生爲游離的投機份子，一開始就投下厭惡的陰影。學校滿有爭奪的狂熱，却沒有教育的愛心。

這種爭奪學生的風氣，從過去補習班大事刋登學生上榜的名單、家長致謝啓事、補習學生現身說法以爲招徠開始，逐漸地，有些私立學校甚至不惜發給高額傭金，給一些先前奪得多張學生畢業證書的教師。現在公立學校，尤其是高中和五專的學生爭奪戰似乎顯得莊重多了。他們不會侍候學生，而讓學生和家長到高中或五專，去乖乖地領受排隊登記、繳交畢業證書和簽具切結書的苦頭。高中和五專的聯招會說，學生應該早就決定好自己的志趣，怎麼可以三心兩意、脚踩兩隻船？這話說得多麼理直氣壯。不過，他們忘記學校是教育人的場所，不是售貨的公司、製造物品的工廠。因爲是教人，服膺孔子「有教無類」的教訓比死記孟子的話來得重要。即使把學校當作企業來經營，也不應該忘記「顧客永遠是對的」道理。

學校與學校之間，固然有爭奪英才而教之的現象，就在同一個學校裏，也有搶教A段班的意氣之爭。有些國中教師索性在名片上加印一行「專任A段班教師」的名號，以提高身價。在這些教師的心目中，學生就是搶手貨，若能抛售得法，就會名利雙收。他們對學生訓練得法，灌輸有加，怎樣幫助學生敲開升學的大門，是唯一的目的。學校也將這些會考試的學生視作搶手貨，爲他們特別編組、額外加工，待明年考季來臨，要是貨品順利脫手，另一批訂單（畢業證書）就會紛紛送來。

如果我們不再反省教育的觀念，不正視生長的個體，不檢討求知的目的，這種爭奪學生的現象，永無休止。學生終將淪爲一個訓練的工具，知識無非是教科書和測驗題的內容，學校也只不過是加工廠而已。

〈筆端〉

榮譽算老幾

／張光甫

73.8.24

電視台既然打出「大家一起來」的節目，觀衆、甚至一些製作節目的人，也就跟着大家一起來觀賞或者仿製這一類型的電視娛樂了。電視節目的內容，往往反映、也塑造社會大多數人的生活品質和價值態度。當人們厭棄某些事物的時候，大衆傳播媒體也只好棄其所惡，不敢貿然倡導。有一回，「大家一起來」猜的題目大意爲：在日常生活中，有那些事情常被認爲是第一的。結果，誰都想不起，連背景揭示牌上，也沒有顯示出「榮譽第一」的答案，那麼，榮譽算老幾？

榮譽的觀念與行爲，在我們的社會裏，正瀕臨衰亡的邊緣。經商的人，不再以誠信爲榮譽，把仿冒、盜印視爲當然，倒債騙財動輒千百萬，毫不羞恥。地方官吏不以勤儉工作爲榮，往往官商勾結，貪求非份的財富，顯耀鄉里。一些機關大員尸位素餐者，假冒貸款，違法套滙，視國家榮譽爲棄履，中飽私囊。各級民代口口聲聲爲民服務，有的却包賭、包娼，專事不名譽的勾當。許多年輕人遊手好閒，拐騙搶殺作絕，不在乎羞辱祖宗的門楣。現在，連七老八十的媼婦，也逐漸跟進，扮起倒會潛逃的角色，鄙棄子孫的顏面於不顧。

至於各類考試的作弊風氣之盛，作弊方法的專精，已經成爲教育活動中另一記惡招。考試的時候，用頭左顧右盼看別人的答案，或用手挾帶小抄的辦法，都嫌落伍與笨拙。最新的招式，當然是用無線電通訊。不過，最高桿的要數禮聘所謂學者專家到補習班講課、考前猜題，或者出售所謂的考古題了。眞是此地無銀三百兩，作得多麼坦誠。爲謀職、升遷，挖空心思地考試，雖無實力，但却有面子。現在有些家長爲了讓子女就讀智優班級，用盡心機教子女練習一些似是而非的智力測驗，甚至到補習班補習智力，實在是既無實力，也終沒面子的事。因爲智力天成，一時的強力救濟，也許使測驗分數提高，但不能長保子女日後學習的成功與潛能的發揮。這些家長爲了虛假的面子，反丟盡了眞正的榮譽。

榮譽不是附加物。完全是個體自我成就的結果。任何一個個體都具有內在的價值，只要盡量發揮他的潛能，完成他自己獨特的個性，他就是獨一無二，他就有作爲一個個體的無上榮耀。對自己失去信心的人，不敢勇於自我成長的人，要靠一張虛榮的面具遮醜，然而，面具總有掛不住的一天。現代人處事，急切功利的追求；爲人，多不以誠信務實爲首要。所以，一般人皆陶醉在短暫的虛情假意裏，簇擁着虛幻的榮耀，待假相一去，人就不免虛脫了。

另一個促使人們漠視榮譽的心態，是現代社會中人的疏離感。尤其以大都市爲然。大都市的人口多而集中，但流動量大而急速，人際關係的疏遠冷漠也强。每個人經常轉換工作，改變生活環境，接交新的朋友，建立新的社會關係。都市人的消費性格，使人漸漸只重現實的利益和外表形貌。正是人人出賣自己、人人出賣人人的價值取向。誰也弄不清誰是誰。每人只顧自身的好處、眼前的收益，讓商業的信譽、個人的名譽、一切的榮譽掃地吧！

〈筆端〉

敬人愛物

／張光甫

73. 11. 8.

古時候有階級的區分，人在社會中的地位，往往有貴賤貧富的等級差異。同時，社會也強調人倫秩序，所以有尊卑長幼應循的禮儀規範。我們敬畏貴族，尊敬長上，多少都有懾服權威的心理。隨着時代的變遷，大凡民主社會都尊崇個體自由，重視人際的溝通和互相尊重。尤其是現代工商業社會，人際的交際頻繁，如何謹守敬人尊己的分寸，實在值得深思。

存在主義哲學家卡繆曾經說過一段話。他說：

「不要走在我前頭，我不一定跟隨，
不要走在我後面，我不一定帶領，
只要走在我的旁邊，成爲我的朋友。」

這段話，說得實在很好。朋友是在平等對待的地位，只有相互的關懷與尊重，沒有尊卑權威的臣服。我們敬愛一個朋友，是把朋友當作一個獨立的、自由的個體看待。事實上，人與人之間的關係，理應如此。德國哲學家康德教我們不要以人爲手段，應該把人當作他自己的目的。希伯來的人文主義哲學家，馬丁・巴伯認爲人與人之間應該是「我與你」的互重關係，而不是「我與物」的利用關係。相傳陶淵明送一個僕人給他的弟弟使喚，陶淵明在信中說：「此亦人子也，當善遇之。」意思是說：這位也是人家的寶貝兒子，請你好好地對待他。這種尊重個體生命的理念是普遍爲世人所深信的。所以，敬人不是敬畏他的職位高下、財富多寡、關係的親疏、知識的深淺，而是把人當作一個獨一無二的個體來看重。

我們不僅對人要敬重他的個性，凡屬天下一切生物，我們也要敬重它們生命的尊嚴。一旦我們拋開了實利的態度，我們就有欣賞「萬物靜觀皆自得」的樂趣了。日本俳句有首說：「不要打哪！蒼蠅在搓它的手，搓它的脚呢！」作家孟祥森在「鄰居」一文中，提到有一次他在睡午覺的時候，脚下似乎有一片涼颼颼的感覺。他突然醒來，原來是一條約二尺好漂亮的長虫。他說，當時蛇倒被他嚇了一跳。他就讓蛇慢慢地游走。之後聽人說起一條二尺長的雨傘節非常稀少，至少可以賣到一萬元的時候，他就慶幸那條蛇走脫了，並且心裏默禱說：「去吧！去快快繁衍。」

我們不僅要善待有生命的物體，沒有生命的事物也應該善於保存與愛惜才是。過去社會，因爲物質的匱乏，加之生產有限，所以每個人都養成愛物惜物、不浪費物力的好習慣。現代人深信消費促進生產的價值，以致任意耗費天然資源和人造物品，人的生存環境充滿着各種污染。近幾年來，許多熱心人士倡導自然生態、人文古蹟的保護不遺餘力，想一想，我們只有一個地球。地球的生命，會因人類的無知戕害而枯竭。我們唯有發揚尊重生命的倫理，人類社會的道德水準才能提昇。

〈筆端〉

知善行善全在我

／張光甫　73.11.11.

每個人都知道食物對身體的重要，也會在飢餓的時候尋找食物滿足生理的需求。也許有人會爲你準備好食物，但是總得自己一口一口地吃下去。道德對品格的重要，也是一樣，沒有人能爲你存善心、行善事。即使有人替你做善事，也只是一種虛假的面子，毫無意義。

有一個關於所羅門王的故事。人人都說所羅門王是智慧之君。有一天，一個人來到所羅門王的面前，手裏握着一隻鳥，想試試所羅門王倒底有多聰明。那個人說：「智慧之君，所羅門王陛下，請猜猜看，我手中的鳥是活的，還是死的。」所羅門王從容地說：「我假如猜是活的，你手一揑緊，鳥就死了；我假如猜是死的，你一鬆手，鳥就飛了。你手中的鳥，倒底是活的，還是死的，全在你自己。」

存心善良，全在我們自己一念之間。許多好的德行也全靠我們時時反省、天天實踐才能完善。一般人說到善，就聯想起，諸如不說謊、不偷竊、不殺人等等的道德行爲。事實上，追求知識、保持身心健康，固然是一種善；能表達和諧的情感，養成良好的習慣，也是一種善。就一個人的天賦潛能而言，凡是能夠發展及實現個體潛能的行爲是善，反之就是惡行了。許多人活在世上，只圖感官的享受，凡事得過且過，不肯化一點氣力心思把本份內的工作做得盡善盡美，這種人雖然沒有干犯法紀，也沒有損害別人的權益，但是他的怠惰阻礙了潛能的發揮，他就顯得惡行惡狀了。

有位名叫吉布倫 (Kahlil Gibran) 的作家，他說有一天晚上，他忽然心血來潮，想出了一種使自己快樂的新遊戲。當他正要嘗試第一次玩耍新遊戲的時候，一個天使和一個魔鬼爭先恐後地衝到他的門口，指着他的新遊戲，各不相讓地指着說：「這是善的！」另一個却大聲說：「這是惡的！」其實，善也好、惡也好，全不管他們的事。最重要的是我們自己的抉擇和實踐。假如我們不承認人有意志自由的事實，我們就沒有自由抉擇的能力，因此，我們不必爲自己的行爲擔負道德上、法律上的責任。

人最尊貴的地方，就是他能思想。他能對自己的生活經驗作檢討，知道什麼是好的行爲，什麼是不好的行爲。然後作出明智的決定，承擔責任。善的內容，可以因時、因地而異，但是存養善心、實踐善行，還是全在自己掌握之中。

〈筆端〉

德由行成

／張光甫

73,11,13

天下許多事理，不能光靠語言文字說明清楚，也不是單憑抽象思考能推斷精確。就拿人的感覺來說，什麼叫做「甜」？任憑你有三寸不爛之舌，也說不清「甜」的感覺；就算你是化學專家用化學分子式表示，也不能讓別人有「甜」的滋味。最直截了當的辦法，是放一塊糖在嘴裏，你就嘗到甜的味道了。

禪宗大師教弟子，往往不言不語或者說些與問題不相干的話。他們要弟子每天親自砍柴擔水、掃地洗缽，從實際的生活行動中，體悟眞正的成佛道理。許多德行的完成也是一樣，不是單靠德目的背誦記憶、考試答題可以一蹴而成，必須要在生活裏，時時反省、身體力行才是。

「西瀅閒話」書中有段記載，說一個年輕人大聲而無禮地使喚他的母親，支使他的母親趕快爲他弄菜作飯，好讓他參加一個「報娘恩」的集會。多麼孝順的兒子！德國也有一個故事，說到一個白髮老人在井邊聽着三位婦人讚美她們的兒子。第一位婦人說，她的兒子既機伶又有才幹。第二位婦人稱讚她的兒子唱起歌來像夜鶯一樣動聽。第三位婦人羞愧地表示她的兒子只是個普普通通的男孩。過不久，三位婦人提着滿桶的水走回家去。因爲水桶太重，她們就在半路上坐下來休息。正好她們的孩子迎面而來。第一位婦人的孩子，就翻着觔斗到他母親的身邊，他的母親誇讚說：「多能幹的孩子。」第二位婦人的孩子，唱着美妙的歌聲走向他的母親。母親顯出得意的容貌。第三位婦人的孩子，只是本份地接過他母親手中的水桶，提回家去。前面二位婦人回過頭問那白髮老人：「你認爲我們的兒子怎樣？」白髮老人驚訝地說：「你們的兒子在那裏？我只看到一個兒子。」（摘自張淑暉譯三個兒子）天下的兒子很多，眞正能克盡孝道的兒子却很少。

我們從書本上讀到許多崇高的道德理念、從學校裏看到經常出現的中心德目和信條、從師長的諄諄教誨中，聽够爲人處事的道理、從無數次的「公民道德」與「生活倫理」測驗中得過高分。可是，我們的道德水準在那裏？道德那能離開人倫日用空談，必須要在日常生活中切實行動、親身施受，才稱得上眞正的道德行爲。孔子認爲「知之者不如好之者，好之者不如樂之者。」一個對道德行爲既「好之」又「樂之」的人，一定是說理比較少，行動比較多。任何德目，唯有在施行的過程中，才能令人深切體驗，使知與行合一，明白什麼是眞情假意、什麼似是而非。仁、勇、剛、直，固然都是好的德目，假如我們不能從做中學到德目的精義和限制，就不免有愚、亂、狂、絞的蔽病了。

台灣新聞報／西子灣副刊

78.3.21

教師的魅力在那裡？

●張光甫

在過去，學生敬畏教師是天經地義的事。教師雖然位列「天地君親」之末，而君主和雙親也對教師優容有加。因為大家都有「師嚴道尊」的共識。現在，時勢逆轉，教師的權威非但得不到家長和學生的尊重，反而糾合羣衆，聯手出擊，撕破教師的臉、打傷教師的心。教師喪失應有權威，只有畏拳、怕擾的份了。

許多教師背負傳統的師道權威，看不慣青少年的散漫與狂傲，聽不進青少年喜新厭舊的心聲，更容不得學生有違逆的行為。他們愛之深就不免責之切了。也有些教師深信教育萬能，認為每一個學生都可以在學校經過徹底的訓練和改造，起碼在教師的強力訓育下可以不再逾越應守的規範。事實上，教師的教化能力有限。學校對學生五育的啓導作用也逐漸侷限在圍牆之內了。校園外的影響力，諸如立法院的政治秀，資訊快捷的傳播，賭風盛行、違法脫序的社會現象；家庭結構的劇變，都排山倒海地衝向學校而來。

二月二十七日「時代週刊」有一則報導。大意是說：有些在社經地位低的家庭中生長的兒童，由於父母忽略恪遵時間次序的教導，往往使他們的子女在學校裏學業成績落後，行為乖離學校的常規。三位教育心理學家的研究都有相同的看法。可是，要藉學校的教育來改善這類學生的學習態度和行為表現，似乎吃力不討好。唯有從家庭救起才是正道。教師和學校，有這樣大的雄心和能力嗎？

有人說教師有知識的權威。不錯，教師受過專業訓練，豐富的學識和經驗。然而，當市面上充斥着各類編寫生動、內容詳盡的參考書、題解、測驗卷的時候，學生人手數册，不必仰賴教師在課堂上講授的權威；當一些中小學生隨父母赴外國或大陸觀光以後，他們親眼所見、親耳所聞、親身經歷的知識，使他們無視於教材的內容和教師的說詞；當來自小耳朵和各種錄影帶、書報雜誌的資訊多過甚至好過教科書和教師灌輸的時候，教師的知識權威正逐漸衰萎下去。

有人說教師有道德的權威。可惜的是，一旦教師以學生為工具，謀取私利的時候，教師的人格掃地；一旦教師過份執迷「替天行道」、濫用教師的形式權威，惡言羞辱學生的人格，甚至暴施教拳教鞭的時候，教師非理性的言行，使他喪失了道德的權威。

也有人說教師還有一種使學生衷心信服的「凱利司馬」（ChariSma）的魅力。所以，許多學校總是請勇武有力、氣勢充沛的教師擔任訓育學生的工作。但不知以力服人總不如以德服人、以情動人。教育一羣有冷暖感覺、有好惡感情、有是非感想的學生，不能濫用權威去壓制他們，更不可用拳頭的威權去迫使他們就範。

現代的教師要瞭解時勢的變化、明白學校教育功能的限制、同情學生的家庭處境。請看重學生人格的尊嚴、看清人性中自我實現的潛能和自我迷失的幽暗意識。套用「愛、學習、生活」書中的一句話：愛或教育是教師引導學生走向學生自己的溫柔過程。能這樣，教師的權威就在那裏生根了。

新聞報 78.4.1

求卓越於平實

——說教師的基本知能

●張光甫

近年來，社會上流行着一句「精緻」的口頭禪。由精緻農業、精緻文化、到精緻教育的提倡。精緻是就事物的精細淳美而言。對一個有發展潛能的個體，教育工作是引導他不斷地生長，不論是心理的成熟、生理的成長、社會的適應，還是道德的完成。杜威說教育即生長，最善於形容教育是一個力求突破現狀，繼續超越向上實現自我的過程。用「精緻」說教育，不免陷於對教育成果的靜態描述。用卓越來導向教育活動的追求，更能突顯教育是一種促進經驗繼續不斷生長的歷程。

一九八三年美國聯邦教育委員會的一個促進經濟成長的教育工作小組，發表了一個報告，名爲「追求卓越：一個改進我國學校的綜合計劃」。報告指出美國現階段與其他國家在科技競爭之下，學校政策務必改弦易轍。培養學生基本的知能和高層次的工業技術是刻不容緩的事。報告中建議，工商企業界領導應參與學校經營，舉凡學校的規劃、預算分配、行政管理和對實際課程的設計，都要以有利於美國工商業的發展爲前題。

國家追求卓越，一方面可以提昇全國人力資源的素質，他方面可以增加與他國競爭的資本。同樣地，個人追求卓越，固然具備勝過他人的實力，更重要的是個人激發潛能，成爲一個自勝的強者。（老子說：自勝者強。）事實上，追求卓越原是人性之常。自我心理學家阿德勒以爲人都生來軟弱無能、依賴他人照顧。個體在形體上的卑微，反而激發個體在心理上要求克服自卑或超越他人的自尊優勢

作爲一個教師，先要平平實實地做一個好人。好人並不好做。孔子教人「居仁由義」，仁與義該是做好人應謹守的德目了。用現代人的術語，仁是指人的感覺，情緒的狀態，而義是指人性中理智、意志判斷的行爲。因此，好人似可界定爲一個有仁心和義行的人。從心理學的觀點，這樣的好人，是指一個心理平衡成熟，社會適應良好，努力自我實現的個體。這是做人的起碼條件，也應是他的本來面目。

透過平實才能求較高一層次的卓越。當這一層次的卓越，完成了它應有的使命，它又再度成爲另一種平實，企求另一次的卓越追求。教育的歷程正如生活的歷程。用杜威的話來詮釋，生活即是發展；發展、生長即是生活。「教育的歷程，即是繼續不斷的重新組織，重新構造，重新形成的歷程。」教育既是一個生長不息的歷程，作爲一個教師，就不能自限在學校環境裏，無視於外界情境的變化，更不可抱殘守缺，陶醉在舊禮教的迷思裏。

有人說，教育是神聖的工作，可是當社會大脫序、經濟呈怪象、政治多爭亂、和道德淪喪的時候，教育成了衆矢之的。世人把社會一切的現象歸罪於教育的失敗，教師的怠職。事實上，學校教育的功能有限，它的影響力常常被外界的力量低消。學校不能立時矯治政治與社會的病症。教師的角色悲壯，一份耕耘，往往得不到一份收穫。教師只有憑教育的良心，「知其不可而爲之」了。他就像那隻飛往集陀山救山火的鸚鵡，力不足云，但救世的心情仍然可佩。故事是說：昔有鸚鵡飛集陀山，山中大火，鸚鵡遙見，入水濡羽而灑之。天神言，爾雖有志氣，何足云也？對曰，嘗僑居是山，不忍見耳，天神感動，遂滅山火。鸚鵡尙可得天神的感動，減去山火。教師呢？誰來同情！現在各級學校，尤其是中小學，每班學生人數過多，課程種類繁多，某些教材資料零碎堆砌，教法只重强記、灌輸，以應付升學的需求。教育那裏有精緻的可能，教師那有外援的力量。教師雖然無力獨挽狂瀾，總可以腳踏實地先讓自己的心思和言行，卓然不羣。

一位教師，不論他是否修過教育專業課程，首先要明白教育和訓練、灌輸的不同。更進一步要能在教學的過程中切實運用教育的態度和方法去引導學生。本質上，教育者是用開放的心靈去引出學生潛能，誘導學生滿足自己的需求，完成自己的理想。訓練者或是灌輸者的態度，正好相反，他們採封閉的心靈，專斷地根據外在的或自以爲是的標準強行塑造和訓練學生符合既定的目標。用園丁來比喩

。人文心理學家馬斯洛的五種需求等級，也說明了個體在滿足於低層次的生理需求之後，人性中生生不息的欲求，會促使個體繼續向前完成自我的實現。自我實現不是一種現實成就，可以客觀衡量、可與他人比較；它無寧是一種主觀的境界。無知之民和有知之士，同樣能憑一己的興趣、能力與信念，發揮所長，下「盡性、知性、知天」的工夫。平常人陷溺在現實的相對世界裏，難免以卓越有成就爲高，以平實無表現爲低。其實，沒有平實的辛勤努力，一步一步地完成各個發展階段應作的工作，那有超越現狀，邁向下一個階段的卓越表現。卓越常從平實而來，它的評量標準，端看一個個體是否盡心盡力地發展出潛存的能力、恭恭敬敬地將每一件事做完做好。漢聲雜誌的總編輯吳美雲女士，在「今夜」電視訪問中說到，什麼是好雜誌的標準時，她以爲：只要每個編輯同仁，在採訪、討論、編輯、設計、校樣的過程中，能全心投入、恭敬從事。雜誌出刊以後，每個同仁不僅能珍愛自己編的雜誌，又能信心十足、滿懷熱情地推介給他的讀者，那麼，這本雜誌就是一本圓滿自足的好雜誌了。這是一種價值理念的堅持。不計世俗毀譽，不隨現實流風，唯有在平實中求自我卓越的境界。

愛讀才會巧

●張光甫

78.5.28.

許多國小教師爲他們的學生只愛看電視、不喜歡閱讀，感到憂慮，大部份中學教師也爲A段班學生拚命準備考試、B段班學生排拒學習的現象，無可奈何。即使大專院校的教師，對許多學生就樂厭學的態度，也愛莫能助，現在各級學校喜歡閱讀的風氣越來越淡。勉强讀教科書、準備升學的壓力一過，閱讀的興趣便隨之煙消雲散了。

每一位家長都希望自己的子女聰明過人，他們會想盡一切辦法讓子女出人頭地。家長可買遍市面上各類印刷精美的書刊、升學指南、教學錄音（影）帶，教子女學習。當然，最直截了當的辦法是送子女到補習班去打拚。事實上，閱讀使人明白事理。一個喜歡閱讀的人，才會聰明過人。根據美國德州首府一九八七年一項調查報告顯示：百分之八十的罪犯是沒有閱讀能力的人。不識字的成年人，其收入遠少於中學畢業生收入的百分之四十二。由此推想，增進學生的閱讀能力，倒是減低犯罪率、提高社會生活品質的捷徑了。

培養學生閱讀的能力和習慣，要從小做起。雖然電視節目的誘惑和升學考試的壓力，多少會窒息一個人閱讀的興趣，可是，從個人新知識的增加、生活經驗的擴大而言，年紀愈長愈需要依賴不斷閱讀的能力與習慣。現代社會、大衆傳播快捷、公共資訊繁多。現代人在學校所習得的知識和技能，進入社會以後，很快就得增進新補舊，或者要根本重頭學過，才能趕得上時代潮流。知識的獲得和心智的啓發，在過去常要依賴學校教師的教誨。現在，只要個人具有基本的閱讀能力，就可以按書本上的指導說明，自己學習做木工、修水管、習園藝等等的事情。市面上充斥多種專業性的雜誌，教你如何垂釣享樂，如何登山健身；告訴你攝影技巧、暗房沖洗；提供你個人儀態服飾、屋內裝潢設計的種種知識。更有知性的書刊，讓你明白宇宙的無窮、人體的奧秘、財經的發展、政治、社會的變動，甚至致富的途徑。他如語文的學習也有許多書刊和錄音（影）帶，配合不同程度不同的教材，由發音、對話到文學欣賞，循序漸進，給學習者無限的方便。只要你肯不斷的閱讀，從閱讀中吸收新知識、新觀點、新方法，你就愈能明白事理，洞察先機，得盡別人所沒有的便宜。

過去的社會，人的平均壽命不長，知識累積不多。活到老、學到老，還可以勉强應付。如今是人再長壽，也趕不上資訊增加的速度。既然如此，難道人就放棄學習，坐以待斃嗎？當然不是，唯有持「學到老，活到老，不學就活不了」的態度，繼續不斷的閱讀和學習。學生愛閱讀，他們所獲得的知識、量增多，而增廣。因此，他們的觀察周到，思慮精深，所下的判斷也明確合宜。成年人愛閱讀，他們從報章雜誌中，吸收新知新法，這不僅有助於他們的工作，也有利於自我的成長，婚姻的美滿，和子女教育的改進。老年人愛閱讀，新觀念使他們的心智活潑、生活的智慧更圓融。

朝三不等暮四

● 張光甫

78.7.30

朝三暮四是一句大家耳熟能詳的成語。它是出自莊子齊物論裏的一個寓言。大意是講：一個養猴子的人分橡樹的果實給一羣猴子，說:「上午得三粒，下午得四粒。」許多猴子聽了不高興。養猴的人改口說:「那麼，上午四粒，下午三粒好了。」猴子就開心接受。事實上，果實的數量沒有減損，而猴子却有喜怒的情緒。這說明了，愚笨的猴子不善於分辨計算，而聰明的養猴人却用巧妙言辭，讓猴子高興。

就人類進化的歷史看，猩猩和猿猴都是人類的近親。人類也只是一種裸猿而已。人類靠語言、文字的利器，使他成爲萬物之靈。猩猩和猿猴就成爲人類實驗室中，研究人本身學習行爲的對象了。心理學家用小猩猩對兩隻人造母猩猩（一隻用柔軟的布充塡，另一隻用硬鐵絲裹紮）的反應，來說明母親不僅是食物的來源，也是親情愛護的最可依賴的對象。心理學家也喜歡用猩猩作領悟學習的實驗，證明人類的學習往往能對整個情境中的各種關係，作頓然的心神領會，想出解決問題的手段。

我們對人類近親在實驗室中所表現的心智能力，有助於我們反思莊子寓言中，那羣猴子對朝三暮四或朝四暮三選擇的意義。就數目的總量來說，每個猴子，一天有七個果實可以享用，但就時間的分配而言，朝暮的三四或四三的秩序和意義截然不同。證諸人類社會，人們生活的節奏在朝暮大有分歧，一般而言，上午的時間較短，下午的時段較長，甚至可延伸到晚上。對許多工作者的工作量和質而言，上午似乎可以密集而有效地處理重要問題，下午總不免鬆散，只應對次要的工作。拿各級學校排課爲例，主科多數都排在上午，不得已也要避開最容易打瞌睡的時間。再者，喜慶宴會都愛選在午後舉行，甚至晚間宴客最能討好。甚至各種戲劇表演、音樂演奏、民俗慶典都喜歡以晚會方式進行。

時間秩序的轉換，固然帶給人類生活的波動，時間的分配和量的多寡也會影響人類的工作、學習，和生活的品質。就以閱讀和記憶爲例。集中四個鐘頭背誦一篇長文，不如把長文分成數段，將四小時分隔成八個三十分鐘，每半小時背誦一小段，休息數分鐘，再背另一段，更來得有效。文章的長短與時間的支配往往有密切的關係。短文可用集中時間背誦。長文適宜用分段分時的方法閱讀，這樣可以減緩文句文思的前後干擾，也可避免因時間過長，使心神疲倦的惡果。同樣，一個國家，人民生活品質的改善和提高，也得靠資源的合理分配和依問題的本末先後、輕重緩急，在進行改革的時間日程表上作適切的安排。許多良好的契機一失，頓成歷史，再也無法重新再來了。

朝暮是時間的相異次序，三四是數量的多寡分配。生命在不同的時間，需求的滿足也自然不同；社會在不同的時空背景下，產生問題的原因繁多，解決問題的方法也應與時推移才行。我們笑猴子不辨朝三暮四的名實，那知道，猴子的喜怒正是它們明智的表現。

《我見我聞》

79.8.12 西子灣·新聞報

我們要的是尊嚴 ●張光甫

本文旨在喚起社會各階層人士明白教師的苦心教學與困境。讓天下人同情教師「薪」給、教師「辛勞」、和教師無可奈何的「心」境。

財政部長王建煊提出中小學教師薪資所得要課稅的建議後，引起部份中小學教師强烈的反對。夾着立法委員質詢的威勢，課稅的公平原則受到嚴厲的考驗，社會正義也日形沒落。也有部份教師，在情感上不喜歡課稅政策，而在理智上却贊成課稅的公平性。當然，也有些教師欣然支持王部長的稅賦改革，同時希望政府在調整薪資、尊重教師的專業知能上盡力。

教師的社會地位一向清高。但是，近年來由於有些教師橫行惡補；有些甚至勤於股市消息，疏於傳道授業；有些更是標新立異，不能謹守教育——上所施下所效、養子使作善——的本份，致使教師的形象低俗，失去「天地君親師」的社會模範作用。

教師要恢復應有的尊嚴，贏得社會的崇敬，現在正是一個良好的反省時機。我們要呼籲全體中小學教師認清社會正義的重要。教師不僅在學校裏教導學生立身處世，自作典範，更要喚醒社會大衆共同戮力維護一個公道、公正、公平的社會。我們也籲請全國各類教育團體自動發表聲明：支持社會正義的立場、課稅公平的原則。我們也希望各級民代應該有廣博的眼光、理性的判斷，去說服少數既得利益者的情緒反彈，而不是假借少數民意作不合情理的抗爭。

相對地，我們要嚴正地呼籲政府，快速改善中小學教師的教學情境。具體而言：①降低每一班師生之間的比例。依現在中小學每班人數高達五十人左右，甚至有超過六十人一班的情形看來，教師聲嘶力渴、作好教室管理已經不易，更無論利用教學媒體、因材施教。大班級教學下，每個學生的活動空間縮小、人際衝突增加、學習的動機和成就降低。政府應該先減少中小學每班的學生人數，再去談延長十二年國教方案。不疏通現今的瓶頸，絕無明日教育的坦途。②減少中小學教師、校長的工作負擔。許多中小學教師和校長都抱怨：現在學校除了要維持正常教學外，還要承擔或包攬許多學校不該有的外務。學校要配合環保，作滅鼠、滅蚊、消除髒亂、防登革熱的勞動。學校要做好交通安全的服務與宣導（連大學也不例外）。教師被指派去做選舉事務的工作、替學生辦理郵政儲蓄、爲學校值夜兼管門禁等等。究實而言，教師以教學爲主。學校以傳揚眞知、培養心智自由的弘毅人格爲職責。各級政府單位不應假借「學校是社會的雛型」的藉口，迫使學校棄本務而從事政令宣導、社會服務的活動，將其他單位不願做、不能做的雜事統統塞給學校去推行。政府不看重教師的專業、不合理地加重教師的工作負擔，教師的尊嚴就無法建立。我們不要免課稅的施捨，我們要的是工作的尊嚴。

我們也要呼籲各級民意代表，請尊重我國師道的傳統。教師做學生的表率，他們的人格不可辱；教師傳遞傳統文化、傳授現代新知，他們的專業知能不可輕。據六月十五日的各大報的記載：二十四所預算被擱置的高中、高職校長，有些人已在省議會等了二個星期。我們不明白校長何罪，要在省議會耗上半個月備受質詢；學生何辜，他們的校長正爲學校預算、接受不必要的責難與羞辱。當民代推翻桌子的時候，學校的倫理教育破產、教師諄諄的教誨，頓時化爲烏有；當民代在議場，口出髒言、摔椅拆桌，動手動脚打羣架的時候，學校裏的學生競相仿效。學校的訓導、輔導功能癱瘓。教師成爲直接的受害者，無法重新整飭學校應有的紀律。教師數年來的苦心教誨，付諸流水，教師有深沉的辛酸與無力感。當有些大小政客對法律、政治的立論，只求同異、不問是非的時候，他們搞響了學校道德教育的喪鐘，對全體國民宣判道德良心的死刑。教育已經受政治的污染，教師的職責已受民代摧殘。一個不重視道德良心、不尊敬教師的社會，將日趨下流與暴虐。我們需要師道尊嚴，不要免課稅的特權。

我們更要呼籲家長：請先在家裏教導你們的子女、良好的生活習慣和做人的基本道理。教師不是魔術師，他不會在一霎時化腐朽爲神奇。沒有家長的合作，學校顯現不出教育的成果。我們相信，天下無不可教的學生，但是，我們不敢說天下無不是的父母。近年來，常有家長在子女面前，拳打、追殺教師的事件。請不要當著學生的面，羞辱教師，也不要在教師背後，數落教師的不是。在一個人格受到屈辱的教師門下受教，學生會喪失信心和自尊；在一個專業知能得不到尊重的教師班上學習，學生不會有求知的樂趣和求眞的嚮往。我們不在乎教師節的形式意義，却在乎教師的苦心被蹧蹋；我們不介意課稅，而介意教師的辛勞與薪資得不到合理與公平的衡量；我們不希望教育成爲政治的附庸，希望教育有它自己的天空——培養一個心智自由的個體、一個不受人惑的人。請大家一起來同情教師的心境。

（本文作者爲高雄師範大學教育學院院長）■

台灣省中等學校
—•輔導通訊•
台灣省教育廳發行
84.12.

談生命教育

⊙張光甫
（高雄師大教研所　教授）

一、前　言：

要談生命教育，應該從生命現象、生命境界兩方面說起。生命現象是就人生的實然面著眼，生命的境界是從人生的應然面設想。換言之，生命的現象可用科學的方法，如實地觀察和剖析；生命境界得從哲學的理念去估察。不過，科學和哲學終不免偏於人的理智運思，對生命的經驗反不若從文學的感悟來得深刻。

在〈簾後〉一首歌詞中，說到我們「最初的心是守在簾後，安安靜靜的寂寞。當繁華褪盡，誰的痴誰的怨，皆不過風煙一抹。」在人生的成長過程中，心隨境轉，所以知識經驗隨之增加，但外在的世界也因心智的運轉而增添變化的瑰麗。人生的痴怨愛戀，到頭來，也總歸於寧靜。人來是空、人去也空，可是在活的時候，卻是生命充實、悲欣交集。

宋代詞人蔣捷，在他的〈虞美人〉詞中也生動地描繪出人生的變化實情，其中有生命的喜悅，「少年聽雨歌樓上，紅燭昏羅帳」；生命的悲涼，「中年聽雨客舟中，江闊雲低，斷雁叫西風」；更有對生命的參悟，「而今聽雨僧廬下，鬢已星星也，悲歡離合總無憑，一任階前滴到明。」詞人用他敏銳的觀察和悲天憫人的胸懷，道出人生的實情。

二、生命的境界：

馮友蘭在《新原人》書中提及人生境界的發展問題。他認爲人從純然順天然本性的自然境界，發展出利害計較，人我分辨的功利境界。之後，由於教化的功能，人逐漸可以推己及人，進入道德的境界。等到人對生命的觀點提昇到物我兩忘，天人不隔的層次，那就達到天地境界了。

循此意，我們也從生存、生活、生命三個層次來說明。生存層次可從生物我、心理我的需求來說明。那是一個必然，人受生物的基本律則所限制，行其不得不然，動其不得不變。生活的層次是就道德我、社會我的發展來敘明。

•特約稿•

那是一種實然。人受文化、道德、教育的制約，在人所建造的文明社會中表現出人之所以異於禽獸的言行思貌。不同的文化有不同的風俗習慣和道德規範，人的實然以安於現狀、面對事實的首要考慮。生命的層次是就哲學我、宗教我的心靈提昇來形容。那是一個應然。人的精神自覺要從現實的相對情況，超越是非、善惡、死生、美醜、群己、物我的現象區分，到達道通爲一的境界。

三、生命教育的內涵：

相應於以上人生的三個層次或歷程，我們可以提供愼始教育、持中教育、臨終敎育作爲生命教育的內涵。現在分述如下：

1.愼始教育：一個生命體的形成，要愼乎始才能善於終。目前學校推行性教育，只就性知識、性態度的宣導，不免有勸誘性行爲發作的嫌疑。性教育，在今後應正名爲愼始教育才行。一方面說明生命創造的神聖性，另一方面也突顯凡是爲人處事都應該謹愼恭敬從事，不可有輕率怠慢的態度。

2.持中教育：在生活層面，群己、物我的關係顯得十分重要。尤是一個體在進入學校求學，出入社會謀事，都要講究知與情的和諧發展，大我與小我的相互協進。理想與現實的妥善安排，方可有圓融寬厚的生活修養。十月份一期《時代》雜誌報導E.Q的重要性，認爲一個人的成功固然有賴於I.Q的高下，但E.Q的品質也是造就一個幸福人生的條件。E.Q包括一個人的自知之明(Self — awareness)，同理心(Empathy)、堅忍力(Persistence)、和人情的練達(Social Deftness)。現今教育過度重視知識的灌輸，忽略理情中和、知行合一的修持，使多數人的行爲不能合於中道。值得我們重視。

3.臨終教育：近年來研究生死學的學者漸多，談死亡敎育也正成爲一種顯學。然而，不論生死學或死亡教育，大多著眼於人生的終點和生命的消亡，尙不能從人生的全部歷程，作超越的鳥瞰。我以爲用「臨終敎育」一辭來替代「死亡敎育」更能廣泛契合一個體在生存、生活、生命三個層次活動的意義。究實地說，每一個體在每天每一時刻中，無不面臨一項工作的完成，一次談話的結束、一件事情的解決等等。面臨一個生命的結束，只是在人生許多活動當中，最令人傷感、恐懼、甚至拒絕接受的事情。如果人懷有專注之心、恭敬之情去從事一件活動；當面臨活動結束的時候，個體自然能坦然無憾，樂於承擔後果，甚至有大釋放、大收穫的喜悅。因此，臨終不是活動或生命的終結，反倒是另一個新活動、新生命的開始。每一個人的生命終將老去，然而富積極意義的臨終教育確有提昇生命境界的功能。

四、生命的充實：

愼始、持中、臨終三種教育好似各盡某一個生命層次的任務。事實上，愼始、持中、臨終可視爲三種道德修養。道德修養固然需要身體力行，不過也需透過各種知識內容的啓發，才能收效。以下試舉幾種知識，作爲道德實踐的活水源頭。

1.文學：文學作品最能蘊發人的情感、顯現人性的超越與幽闇意識，文學探討人性的糾結越深且廣，越能讓人參透生活的意義，提昇生命的境界。

2.哲學：哲學原是一種反省思索的活動與習慣。人透過哲學的突破，方能養成「毋意、毋必、毋固、毋我」的處事態度。凡事愼始而動、持中不懈、臨終不懼，表現一種君子坦蕩蕩的生活情調。

3.歷史：歷史教人明白「歷史的長期合理性」這一常則。歷史的視界一經放寬，史實與人物都呈現新的形貌。在人類歷史的永恆發展中，有個體生命剎那的呈現與累積。

每一種知識都各自有它的內容與條理系統，然而每種知識的產生與發展都與實際的人生有關。學校裡的各類知識教學都要以完成生命的提昇爲首要考慮。

資優之憂

澄清湖畔

光甫

羅傑旋風式的訪問已經哄哄然過去了。許多人不免沉溺在民族之光的迷思裏，無暇反省羅傑竟是在美國教育體制下，培育出來的人傑。然而，對許多觀賞過「兩記者與羅傑電視訪問的人來說，一句「你問的是個愚蠢的問題。」霍然地，不知要讓多少人倒抽一口冷氣。我們不禁有「資賦優異，又怎樣！」的感嘆。

無論如何，民間有心人士已經揣摩出家長望子成龍的心理。有些幼稚園開始以設有資優班、才藝班相號召；有些出版社也登出訓練兒童智力測驗之類書刊的廣告。政府教育單位懍於培植資賦優異兒童的職責與重任，早在二、三年前在各地進行資優兒童的甄選與教育工作。一般而論，資優的兒童要通過兩次智力測驗，智商需在一百三十以上。另外由各班教師推薦，以社會品質、學業成績等總分超過全班百分之九十以上爲甄選的另一項資格。這批資優的未來主人翁，（事實上，他們已是現在的主人翁了。）毫無疑問的，最大的特點是智力超人。他們不僅有良好的記憶力，而且有積極的進取動機，學習的成就也必然超過普通班的學生。

這些資優班的學生，雖然與普通班的學生同處一個學習的大環境，但是，無論在課程教材的學習、師生間人際交往的期望態度，及自我形象的建立，都異於普通班的學生。教育的設計者與指導者，若是一有疏忽，無形中就會產生一種羅傑式的「愚蠢問題」的回答態度。這一批學校裏的小超人，少不更事，難免顯出尼采筆下超人的品德來。超人發揮權力意志，積極的肯定自我。尼采認爲超人是有價值的創造者，要創造價值，超人無法不顯出冷酷無情的樣子。

民國六十九年，鄭美瑪等人在一項「西門國小資優班兒童道德判斷力之分析與研究」報告中指出：有些資優班的兒童反而比普通班的兒童，缺少「感化性」懲罰的概念，甚至有些兒童具有強烈的「報復性」懲罰概念，主張以牙還牙、殺一儆百。這些小超人似乎認定扶強助大爲善，倚弱凌小是罪不可逭的。報告中又提到，部分資優兒童，具有強烈的服從氣質，甚至對團體或權威的命令與要求，不顧其是否公平合理，也一味服從到底。這些小超人有他們先天上資優的本錢，加上學習情境給予他們較普通班兒童更多優厚的助力，他們總不免有高人一等的矜持。那麼，貴族式的主人道德感隨之而生。資優本身既代表着一種特殊的權威，執權威者要與持更高權威者認同，爲自己要求更高更大的權威。因此，服從權威即在獲得權威。權威既得，就不免要替天行道，宰制萬物了。部分資優兒童之所以有強烈的「報復性」懲罰概念，原因在此。

資優教育原在培育人傑，使其成爲社會的精英份子，貢獻他們的心智能力，去創造價值、發揚文化。一旦，資優的兒童經過教育專家辛勤的甄拔、培育、與教導之後，反而變成一個個沒有人味的桀傲之士，那麼，資優教育豈不是自搬磚頭自砸腳嗎？

澄清湖畔

混補

光甫

宋代特別提倡科學。除了增加諸科名額之外，更有對於科舉考試完畢後，所有落第生准許補試太學。取合格者補入太學就讀的優待。這就是宋代太學生混補的辦法，距今已有九百多年的歷史了。

據報導，現在各大學也出現了「混、補」的現象。頗令全國大學教育主管，甚至教育首長憂心戚戚。不過，這裏所說的「混、補」是指「混學」、「補考」而言，兩者形貌略有不同，而爲科名的心態則一。

先說「混學」。近年來，各大學院校無論師資、圖書設備、研究環境，都大加改善。但是一般學生的素質和求知的熱忱，並未相應的提昇。一百六十名主管全國大學教務行政工作者一致認爲，現行的大學生成績考核辦法失之過寬，不足以淘汰混學的學生，是癥結所在。據教育部的統計，最近幾年各大學因學業成績不及格而遭退學的學生，僅千分之一。所以，全國大學暨獨立學院教務主管聯席會議主張，教育當局應該立即恢復民國六十一年前的成績考核辦法，以適切地遏止日趨萎竭的大學功能。

嚴格考核，固然可以汰蕪存菁。可是，應付考試、混畢業的校園氣氛，仍不可免。當一個人對一件工作或一種活動，既無濃厚的興趣、又缺需求的動機，甚至操作的能力，但又不得不勉強從事，在這種兩不討好的情況下，「混日子」也不失爲一種自我沉浮的辦法。大多數學生，從進小學開始到大專聯考爲止，這十二個年頭中有些人甚至更長。他們在讀書爲先、升學至上的驅策下，考試欲轉強，求知欲反弱。讀書求知既然是升學的工具，待升學目的一旦達成，那麼，求知的欲望與勤學的工夫，也就頓失一持。於是，捨書棄學，由你玩四年的大學生活就此開始。這也是一種過度知識灌輸後的反知心理現象。縱使嚴格的淘汰，恐怕也喚不回多少心知迷途的浪子。教務主管應另謀他策才是。

次說補考。補的作用，原本是補救不足。營養不足要進補，課業不好要補習，甚至惡補。考試不及格，當然要補考。如果補考的措施，非但不能鞭策學生明恥進學，反而養成平時學習的惰性與補考時的僥倖心理。爲師者，應該當機立斷，自行排除給予補考的機會，何需等教育部從長計議後修訂大學學籍規則確定，再作打算。一來可以止謗，說什麼「補考講人情，教授有行情」，道什麼「三五成羣、碩果梨子、約翰走」。二來可以勸學，讓好學者知道文化慧命由他傳、歷史責任由他肩；讓混學者醒悟，大學之道在明明德，非在冥冥混混中行也。

教師，正如形容教育的理念，而雕刻匠的工作正是以描繪訓練或灌輸學生的活動。

只瞭解教育的真義，尚不足以成爲一位卓越的教師。現代專業知能逐漸分化精細，從事專業的人必須要經過一段相當時期的專業訓練，才能勝任他的工作。許多人常有錯誤的看法：以爲大人總可以教小孩，教訓人還不容易嗎？這種似是而非的觀念，正好比說：當醫生還不容易嗎？有長久生病經驗的人，不就是良醫了嗎？說這些話的人，那裏曉得常識和知識的分別，行伍和專業的差異。沒有兒童心理學的知識，不會瞭解兒童認知、情緒、道德行爲的發展，就不能有效地指導兒童的學習和遊戲。對青少年的心理發展、行爲特徵、次級文化瞭解越多，教師越能有效地防止青少年問題的發生，對教育輔導理論、測量、診斷、評鑑的知能愈精，愈能預知學生的潛能，輔導他們成材，或者正確診斷出學生的問題，作好補救教學的計畫；教師不研究教材教法，怎樣能引起學生學習的動機、提高他們的興趣、拓展知識的領域。對於社經地位好的、材資中上的學生而言，學校的教師似乎是不在乎有否專業知能的。正好像，對患小毛病的病人來說，病人自己就可以買到成藥治疾，何需假讀七年醫科的醫生之手。現在，教師已如醫師，有他專業知能的範疇，有他專業的組織和倫理。好人不一定是好教師，好教師一定要在教育的知能上卓越。

平常人用語言傳達彼此的意見和訊息。語言表達能力的優劣，對人際關係的溝通與增進有決定性的影響。語言表達能力差的成人，只是對自己不利，他自己少講，別人少聽也就罷了。但是，一個語言表達能力差的教師，他對學生學習所造成的傷害就影響深遠了。許多教師錯怪學生上課無精打彩、考試成績低落，他們那會自我反省：學生的學習無效，全是教師自己口齒不清、解釋含混、觀念錯誤、教法失當所造成。口齒清晰，不是在苛求說標準國語的能把每一個字、每一個句子條理清楚地說出來就是起碼的標準。假如能在清楚明白之外，再加上優美的措辭、動人的描繪，適度的幽默，就是卓越的表現了。事實上，現在學校用的教科書編寫簡要，市面上的參考書又資料繁蕪，教師所說的，學生幾乎都能在書本上找到出處。教師在課堂上除擔負起詮釋課文意義之外，更應作指點文章脈絡系統、綜合評鑑和欣賞的工作。

教師追求卓越的另一個條件是心胸開闊。宋代張載曾說：「大其心，體天下之物。」人的心思寬廣，氣度自然恢宏，就不易固執成見，能對各種事理作全面的觀察，對許多正反的意見容忍包涵。做一位教師最忌有偏狹的心理、獨斷的人格。要知道，學生隨知識學習的累積、生活經驗的擴大、社會文化的變遷，他們的感覺、感情、感想已經與教師的認知和判斷有相當大的距離。教師一方面是站在成人社會的立場，盡量提供學生傳統的價值體系行爲規範，和生活知能；另一方面教師也得站在學生的地位，去瞭解學生的次級文化，並反省、批評原級的社會文化。教師的平實處，是安於教學、諄諄善誘。教師的卓越處，應該是勇於推倒偶像，如培根所說的偶像；冷靜地反省不合時宜的傳統價值；積極而理智地引導次級文化中的新經驗、新觀點、新秩序到主流文化中。教師不應侷限在學校的園牆裏，他的知識領域也不必然限定在教科書裏。教師的心思意念越開放，愈能使自己的經驗增加、生活充實、對人事物理的觀察深遠，心智清明。同時，也促使學生的知識增加、人格成長。然而，能「大其心」的教師，需要透過人文教育的陶冶，現階段的師資培養，似乎不足以承擔此一任務。

澄清湖畔

用所學、學所用

光甫

根據教育部所作「大專畢業人力運用現況之調查研究」報告指出，有三分之一的大專畢業生認爲「學用不能配合」，百分之廿八認爲「大才小用」。這件「學用不能配合」、「大才小用」的無奈感嘆，跟就業機會獲得的難易、快慢的程度大有關係。報告顯示，醫學院與教育學院在「學用相關」、「才用配合」的程度最高。一般人都可推知，其原因是人口急速增長，醫院與學校的供求也有增無減。至於文學院與海洋學院畢業生的出路有限，「學用相關」與「才用配合」的程度也就相對地降低。大專學生「大才小用」的委屈是難免的。

我國高等教育有待全盤檢討與改進是衆人皆知的事。不過，根據一項現況調查，從六十六學年度大專畢業生的學用是否配合的問卷中，問出意料中「學非所用、大才小用」的普遍現象，就遽而對大專教育與專業訓練的效果發生懷疑，倒也過分張惶失措了。教育有關單位除了對師範院校的畢業生有權分發教職外，既不能爲其他科系的學生創造或安置就業機會，只有從課程設計與觀念提昇兩方面着手。

不論大學教育的目標是在培養研究高深學問的通才，或是專科教育的目標是在訓練專業技能的專才。教育當局提供一套廣博的新課程，汰除許多不合時需的科目與時數，實在是當務之急。學生除了選習一般基本的文化陶冶課程和專業科目之外，也應該給予更多的鼓勵與自由，去選修其他相關的和自己興趣相近的科目。選課的類別多，不只提高知識質量上的類化功能，還能開拓日後選擇職業的廣度。選課的自由多，學習的興趣自然濃厚。爲考試、爲謀生而讀書的功利念頭逐漸淡化，而自動求知的習慣和認眞的學習態度也隨之建立起來。

好學的習慣一經養成，則天下無處不可學，世界無事不可學，人生無時不可學。「學用不能配合」，固然與學校所提供的課程有關。但是，假如一位大專畢業生，在用的工作裏已經有了二、三年的學習經驗後，仍然塡作「學用不能配合」的回應，就不免太輕視自己學習的潛能，太放縱個人敬業樂業的職業道德了。許多工作經驗和知識是從做中學習得來。他不但應該用其所學，更應該學其所用。誰能保證一出校門，就能「學用一致」？

「學用不能適合」的鬱悶，常繞心頭。「大才小用」的自憐情意結也就憤然而發。其實，「大才小用」往往只是一種自我虛張聲勢的假象而已。雖然不合理的制度和人爲的貶抑，也會造成一些懷才不遇的遺憾。事實上，人才的大小應該從潛能的發展與貢獻的多寡上着眼，豈能從職位高下、權力大小的運用上衡量。許多大專畢業生每每惑於學用之辯、昧於大小之分，不肯腳踏實地從根基上用功，不肯虛心謙志從工作中學習。這才是眞正值得有心人疑慮的事。教育有關單位，在加強學生專業訓練之餘，也應該提昇敬業精神才好。

說門面

澄清湖畔 光甫

房屋的一扇門，就好像人的一張臉。人好要面子，房屋也得講究門面。俗語說：「打腫臉充胖子」、「擺門面」，說面子或門面有虛張聲勢的功能。一般人對外界事物的觀察，多用肉眼，從現象表面作推理、下結論，很少用心思考、縝密判斷。而對人的瞭解，常人那會謹守孔子知人的指示，「視其所以，觀其所由，察其所安。」既然多數人只有講求表面的習性，結果所屆，社會上就充斥炫耀門面、死要面子的事例。

門的作用，一方面是防範，免得閒人覬覦；另一方面是炫耀，讓人知道裡面有宮室之美；還有一種是標記，表示某類事物的特性。為了防範，都市裡住公寓的人，每天進出重重的木門、沙門、鐵門、鋼門，甚至旋轉的玻璃門。把自家的生命與財產，鎖在一道道的門裡、關在籠裡中。人為了滿足誇耀的心理，許多人家卻又把防賊的門裝飾得華麗誘人，逗引宵小的遐思。門，有時候也顯示某種事物的特徵。不說生物學上的分門別類，一看就知道某類物種的特性，即拿平常的用辭，如衙門、侯門、門第、門戶等等，就會產生豐富的聯想，道盡官僚、無情、驕縱、偏狹等等的特色。

門一經矗起，圍牆跟着限立。有形的城堡既成，無形的自我侷限也隨之而來。絕大多數美國的大中小學，都沒有堂而皇之的校門，更不必說圍牆了。頂多有一塊上面寫着校名的長木條矮矮地立在較顯眼的地方。就象徵意義而言，真是學校與社會打成一片，學校即社會、教育即生活。任何人都可在校園中徜徉、在知識的寶庫中涵泳。沒有年齡的阻閡，沒有升學就業的衝突，大家齊來追求新知，充實生活的內涵。學校向所有人開放，所有到學校來的人，也向知識的殿堂坦然地呈現自己。學校裡沒有權威，若有，是知識的權威；沒有訓練，若有，是民主生活的訓練；沒有人為的干涉，若有，是道德規範的遵行。

學校裡，一切反教育、反生活的作法，倒真是門都沒有。我們的大中小學，必定要立一道莊重的門。是要象徵師嚴道尊嗎？最可笑的莫過於，有些輔育院或觀護所，硬要重建一座新穎的大門，是想顯耀成就以廣招徠嗎？當然，多數學校校區空間偏促，受社區干擾太繁，學校不得不劃地自限，先求防範。不過，門牆的設計，在講防禦、美觀條件之外，如何求周圍景觀的和諧、人文氣氛的暢發，仍然有可供智慧發展創新的餘地。

面子的作用，有似於門面。堂皇的門面，可暫時撑起一屋的衰朽。虛情假意的面子、氣勢凌人的架子，也同樣可樹立一時懾人的權威。更不必提商場上，有些人誇飾珠光寶氣的空場面，進行大撒家、大套匯、大倒債的戲法。這也是人生的一大詭譎。越想保全面子的人，終究失去面子；不擺架子、不虛充面子的人，反倒有實實在在的面子。人要築門防賊攻虛，同樣，人要講面子維持個人的自尊，生怕別人的鄙視。兩者在心態上，都是由於缺乏自信，所產生的不安全感。不過，外賊易禁，心賊難防。話雖如此，只要人一旦恢復了自信心，他就能面對現實，憑己力實事求是地解決問題。他無需藉虛無的面子，矯飾自我的本質；也毋需靠他人的讚譽，來肯定自我的成就。在一個健康的社會裡，人與人之間無需擺一個架子、買一個面子，才顯得尊貴可敬。人人有自己的真面目，人人有信心評估自己面子的價值。

訓話不宜多

光甫

闡揚人生日常的道理，應該是心平氣和地用話來講，而不是氣勢凌人似地拿話來訓。許多大道理、小教訓，一經對人強聒不捨，就不免讓人有說教的感覺。尤其，對一羣人敍說道理或傳達消息，總是講理的趣味少，訓話的氣勢多。致使言者諄諄，聽者藐藐。

平常人與人之間的交往，說話談心或敍事講理，心情是平和輕快的。因為雙方的地位是平等而對待，彼此的態度就會從容客氣。一旦說話者和聽者的身分、地位，有尊卑之別，高下之分，（大多數訓話的人，總得高高站在臺上，顯出一些氣勢來。）而說話的人又要熱切地傳揚人生的大道理，他在諄諄告誡之餘，不免嫉惡如仇，顯出替天行道的霸氣。這種訓話的場面，在我們日常生活中，隨處可見可聞，更能親身體會。比如，幾乎所有會議的議程裏，臨末了，總不會漏列一項「首長訓話」或「上級長官訓話」。在學校，當然是「校長訓話」、「導師訓話」諸如此類的節目。在家庭裏，一般人狃於「天下無不是之父母」的成見，教訓子女是天經地義的事；在學校，大多數教師堅持「師嚴而後道尊」的信念，抱着「恨鐵不成鋼」的心態，去訓練學生的行為，去灌輸應試或應世的觀念。一個人在家庭、學校，安於父母、長輩的教訓；習於教師、甚至學校職員的訓話，無形中逐漸養成一種攝服於權威、抑制自己心思意念的冷漠態度。這羣人在社會中，不是漠然於社會問題的發生和演變，就是悚然驚起；激情而無主見地求問題的斷然處決而後快。這種從小由訓話中成長的馴滑國民，豈是社會之福？

今日一些走讀或通車的中、小學生，一大清早，不必扭開收音機頻道，他們的父親就開始耳提面命地告誡他們要勤讀、要慎行；當母親的在一旁苦口婆心地命令着吃早飯、加衣裳，不可這樣，不可那樣。許多家長都相信「一日之計在於晨」，不在清晨趁機教訓一番，更待何時？等學生誠惶誠恐地擠車、趕路到學校，大多數的學校，都會有值日的導護、教官、或訓導人員等在門口，對學生的服裝、頭髮，甚至言行，指指點點。緊接着在升旗典禮上，除校長訓話之外，教務、訓導兩位主任，少不了要宣佈一些注意事項和應該遵行的規定。無可避免的，對學生的為學懈怠、不守校規、教室清掃不力、秩序紊亂等現象，還要當場切切實實訓斥一番。即使是少數人的行為缺失，也要在全校師生齊集的場合數落，才好收殺一儆百的訓育效果。這樣，全校學生（甚至老師）在晨曦睽睽逼人之下，不得不低頭思過。及至各班回到教室，一些有強烈榮譽心的教師，還可能意猶未盡地連續訓話的活動。

為政不在多言，古有明訓。施教亦然。過多的訓話當然更不相宜。訓話跟說教一樣，不但不能使人欣然接受嘉言懿行，反而增強嫌惡的情緒，徒具形式而已。我們既奉行「一日之計在於晨」的古訓，做父母、當師長的人，千萬要讓學生自由自在地學習，要捨棄自己好作冗長的「晨間訓話」的陋習，不要教學生有「一日之煩始於晨」的感覺才好。

教育作業員

光甫

澄清湖畔

得天下英才而教育之，是快樂的。得庸才，就不免尷尬了。好在學校裏絕大多數是中等之資的學生，所以，教師工作的情緒，通常是憂喜參半、愛恨交加的。一般而言，教師從教學過程中獲致自我理想的充實與擴展，從學生學習的成就中，得到精神的鼓舞與安慰。可是，今日的教師卻在無理的行政要求、僵化的觀念指導、冷酷的權威指責下，艱辛地承擔起教育主管所交付的「愛的教育」。這眞是吊詭之至。

許多教育行政主管口口聲聲教育專業精神的培養。實際上，他們頤指氣使地憑僵固的私見、教訓教師，根本不知道什麼叫教育專業。教育專業最重要的幾項特性是「遵守明確的專業倫理信條」、「強調智慧的運用」、讓「個別從業人員與職業團體皆需享有獨立自主權」、並且「在享有獨立自主權時，對其判斷與行爲負責。」近日，有幾位小學教師告訴我說：上面（教育主管，或督學或校長）交代，要我們不可在上課的時候批改作業；（當然只許站不許坐）講課時，只可拿粉筆，不可拿鋼筆；對督學要謙卑恭敬，千萬不可理直氣壯地提出意見，在督學面前據理力陳。這些「不可」實在不可思議。教育行政官員是看透教師偷懶、坐着改作業，不肯認眞教學嗎？他們那裏知道一位盡責熱心，諄諄善誘的教師，才眞需要讓學生站（坐）在桌旁，坐着批改作業，耐心地改正學生作業的錯誤或充滿愛心地對表現的優異予以嘉勉。任何一課作業都該如此個別指導，更遑論作文的批閱了。教育行政官員應該鼓勵教師在講課的時候，不拿教鞭打人、不以粉筆頭襲人才是。拿鋼筆有什麼危險嗎？實在令人費解。

可嘆的是教師教學權的剝奪，更可悲的是對教師人格作無情的貶抑。一位督學可以逕自走入教室監聽教師上課，甚至當着全班學生，指摘教師的缺點。他可以無視於教師的存在，任意搜查學生書包內是否藏有參考書、測驗卷之類補習的資料。他可以即興地在學校裏，看到什麼不合意就狠狠地批評起來。有一位督學在視學時，發現有一班教室門口沒有掛上日課表。他頓時發起威來，指責班導師的不是。那位導師當時忘了校長的告誡，對督學說：掛日課表是教務處應作的工作，他那有受責的理由。但是，督學先生理屈而氣壯，轉而遷怒該校校長辦學不力、全校教學風氣低落。當然，那位導師以後的日子也就可想而知了。絕大多數教師逼於生活重擔、懾於行政權威，早就無從享有獨立自主的教學權力，當然只有馴服、奉命行事；只好沉默、得過且過，那會有「對其判斷與行動負責」的勇氣與信心。

不必說學校教師的教育專業精神的萎靡困頓，就連教育廳的官員，不也是見了代表、委員之類的人物，頓失守道的勇氣和教育的良心嗎？「我愛梅花運動」就是一個現成的好例子。在許多教育行政官員的心目當中，教育的對象無非是一批被灌輸的加工成品、一羣被訓練的裸猿，不再是一個個有生長發展潛能的精神個體。他們蔑視教師的尊嚴，不明白什麼是教育專業。他們那有設計、輔導教育邁向正途的能力，他們只不過是一批教育作業員而已。

榮根第一

澄清湖畔

光甫

吳榮根義士駕機來歸，回到自由祖國近三個月了。最近，他在結束各大專院校訪問活動後，認爲生活在這兒，無論在物質及精神上都感到十分充實，充滿「自由、愉快、幸福。」尤其是全國各界對他濃郁的關愛。

這位質樸的阿根哥，所到之處，大家都要一睹他年輕英俊的風采，純眞如孩童似的微笑；聽一聽竹幕的消息和他個人的心路歷程。特別是在他扭轉乾坤、奔向光明時，那一剎那即永恆的驚天動人的志向與行動。大家懷着敬仰、獻上關愛，熱烈地給予他英雄式的歡迎。讚美他智勇雙全，祝福他前程似錦。

不錯，純樸的阿根哥，他是英雄，自有他受崇拜、受歡迎的本錢。智勇其一、英俊其二、財富其三。然而，年華易老，英姿瞬逝。財富總爲形累，難保靈根生生不息。有道是「眞英雄其人或爲思想家、鬥士、或爲藝術家、烈士、或爲平民百姓。凡努力以達成藝術的天啓境界者皆足以當之。」因此，如何長保其智勇的本質於不失，以啓導一種新的價值，甚至努力發揮其質樸的潛能以底於完全自我的實現，實在是他自己和所有愛護他的人所應該審慎深省的。我們實在不希望吳義士每日如明星般的趕場作秀，耗去他的心智、消磨他的志節。即使個人慘痛的生活經驗，也會說疲；共產暴政的事實，也會因逐漸遠離生活實情而說得了無新意。他曾公開表示自己的學識程度不好，因爲文化大革命革掉許多像他那樣年輕人的求知機會。我們多麼希望他實實在在地紮知識的根基，自由從容的提昇思想精神的層次。爲學做人就如植樹一樣，栽培根幹才能使枝葉榮茂，王陽明傳習錄中說：「人孰無根，良知即是天植，靈根自生生不息，但着了私累，把此根戕賊蔽塞，不得發生耳。」又說：「爲學須有本原，須從本原上用力漸漸盈科而進。」所以，我以爲對他來說，靜修爲先，榮根第一。至少有五年的時間讓他安頓自我、潛心爲學，雕素璞成華璧。益增其自由抉擇的價值與運用自由的功效。

我認爲下面幾點是值得所有愛護吳榮根的人所樂於考慮的。

第一是心理的安頓。從心理學的觀點來看，吳榮根心理上不安、疑懼、焦慮的情緒狀態，從奔向自由的動機一經萌現而開始，以後與日俱增，在凌空起義東飛的剎那達於高峰。返國後，固然受到熱情的照顧、自由的享受、安全的保證、榮譽的加寵，但是親情疏離、平生無寄，仍不免有另一種心理上的不平衡。外在的關懷與榮寵，實在不足以化解其青年期內心的鬱結，我認爲心理學專家應該伸出援手，疏解他的情意結、開啓他的自我觀念、輔導他的生活適應能力。他正年輕，唯有在心理安頓妥當之後，才能精進於事業的成就。

第二是人文的陶冶。吳榮根在大陸駕機執勤時，壯麗的故國山河，他是有幸鳥瞰盡覽的。但中國所以爲中國的文化命脈，既遭文革切割，他對中國悠久的歷史傳統、文化慧命的知識是欠缺的，即使有一點，也是多半失眞的。共黨教條式的意識型態灌輸，只將人視作一具爲共黨役使的機器而已。所以，吳榮根需要學習一些最基本的博雅課程。諸如歷史、文學、哲學、，藝術、語言等等，使他「人文化成」，滿有人的情趣。至於匪黨理論批判之類的知識，也是必須的。因爲理論的研究，才能切實地把握唯物史觀的病態錯誤，以他一己活生生的經驗作註脚，以他痛苦的教訓破執迷。他能溶現實與理論於一爐，增加其預知共黨政權崩潰的說服力。

第三是專技的精練。漢代人常以「黃金滿籝不如遺子一經」勸人。今人可改「一經」爲「一技」。觀點仍然實在可信。吳榮根立志東飛，原爲追求自由、不計代價。眞英雄也。航空飛行既是他的專長，他的航空知識基礎一定不弱。有關單位應該輔導他繼續朝航空事業方面發展，譬如：航空工程、航運管理等新知的學習，及其他一切相關的專業技能的研究與訓練。積極的提携他、培養他，讓他學有專精。日後可以不藉外在的名聲、資財而仍能自立自強，在社會中，保有個人應有的自我尊嚴。

當然，爲善成德、爲學成智，都需要一點一滴日日作爲才成。我們知道吳榮根的義父母和有關單位一定是竭盡心力愛護栽培他的。不過，「立志用功，如種樹然，」王陽明的話，仍然值得深思。「方其根芽，猶未有幹，及其有幹，尚未有枝，枝而後葉，葉而後花實。初種根時，只管栽培灌溉，勿作枝想，勿作葉想，勿作花想，勿作實想懸想何益，但不忘栽培之功，怕沒有枝葉花實。」一點不錯，栽培灌溉以榮根第一。

遵清湖畔

塡鴨與烤鴨雛

／光甫

〈筆端〉

蠟燭與電池

／張光甫

一般人說話、作文，都喜歡借物喻事或假物抒情所假借的，經常都是日常生活中，大家所熟悉的事物。用蠟炬喻深情，最生動的名句莫過於李商隱的「蠟炬成灰淚始乾」了。現代人用蠟燭照明的機會少，用電或電池的機會普遍。通常表示兩個人的心靈默契，尤其是男女之間情有所鍾，用「來電」一詞，多麼生動。隨着科技的發展，現在有的電池可以用竭再充，毋需拋棄，一直發揮有電的功能。許多歌星爲了要塑造新形象，他們要到國外遊歷一番，說是去「充電」。近年來，在職的公務員和教師也知道參加各種在職進修的重要，爲的是「充電」有用。

蠟燭的比喻，常人已經用得熟能生「拙」的地步。我們鼓勵人尤其是對教師，要以蠟燭自我期許。蠟燭象徵着「燃燒自己，照亮別人」的犧牲精神。犧牲小我的精神是偉大的，也值得推崇。不過，蠟燭一經燃燒成灰，生命即行枯竭，雖然壯烈但不免悲苦。要教師像蠟燭，從教學的觀點看，也不甚恰當。因爲教育是指一個經驗繼續不斷成長、重新組織的歷程。教師不但要將自己所習得的知識和經驗，傳遞給學生並指導學生學習，同時更要在教學的活動中，時時充實自己的知識，日日重組自己的經驗。教師傳道、授業、解惑，所依據的，若只是陳陳相因的老觀念、舊知識，那麼，教師教書愈久，惰性愈大，新知漸少。隨生命力的衰退，教師對學生心智的激盪，人格的感染也愈形微弱。正應了蠟炬成灰的衰敗景象。

近代科技發明一日千里，文化傳播，無遠弗屆。教師面對一個急遽變化的世界，新知如浪潮，一波接一波排空而來。學校的教學活動受社會文化的衝擊之後，師生的關係得重新調適，教學的內容得隨時更新補充，教學的方法既要有科學的根據，也顧及道德的規範，學生身心發展的瞭解與社會價值的取捨等等，都是一個現代教師所應時時刻刻關切、思考的課題。教師除了要有犧牲精神之外，更應該養成終生探求知識的習慣，不僅溫故，同時知新。他眞應該像一個可以繼續充電發光的電池。一旦燈光轉弱，就該重新充電。充電的時間愈久，發光的亮度與時效也愈加大。

現在，教師在職進修的管道已漸暢通，進修的意願也熱切而正當。教師「充電」之後，增進了新的知識，開啓了新的觀點，學會了新的方法。許多教師會更肯定自己的角色，努力於教學的工作。可是，有一點也值得我們注意，電池的光度雖然亮而持久，倒有它先天的限制。它不能像臘燭的光一樣，散發出感人的溫馨。那麼，理想的教師，應該是一位有光又有熱的經師兼人師才好。

墨寶

1.墨韻筆藝

永和九年歲在癸丑暮春之初會
于會稽山陰之蘭亭脩禊事
也群賢畢至少長咸集此地
有崇山峻領茂林脩竹又有清流
激湍暎帶左右引以為流觴曲水
列坐其次雖無絲竹管弦之盛
一觴一詠亦足以暢敘幽情是日
也天朗氣清惠風和暢仰觀宇
宙之大俯察品類之盛所以遊目
騁懷足以極視聽之娛信可樂也
夫人之相與俯仰一世或取諸懷抱
悟言一室之內或因寄所託放浪
形骸之外雖趣舍萬殊靜躁不同
當其欣於所遇暫得於己快然
自足不知老之將至及其所之既
倦情隨事遷感慨係之矣向之
所欣俛仰之間以為陳迹猶不能
不以之興懷況脩短隨化終期於
盡古人云死生亦大矣豈不痛哉
每攬昔人興感之由若合一契未
嘗不臨文嗟悼不能喻之於懷
固知一死生為虛誕齊彭殤為妄
作後之視今亦由今之視昔悲夫
故列敘時人錄其所述雖世殊
事異所以興懷其致一也後之攬
者亦將有感於斯文
庚申 張光甫 臨

慶曆四年春滕子京謫守巴陵郡越明年政通人和百廢具興乃重修岳陽樓增其舊制刻唐賢今人詩賦於其上屬予作文以記之予觀夫巴陵勝狀在洞庭一湖銜遠山吞長江浩浩湯湯橫無際涯朝暉夕陰氣象萬千此則岳陽樓之大觀也前人之述備矣然則北通巫峽南極瀟湘遷客騷人多會於此覽物之情得無異乎若夫霪雨霏霏連月不開陰風怒號濁浪排空日星隱曜山岳潛形商旅不行檣傾楫摧薄暮冥冥虎嘯猿啼登斯樓也則有去國懷鄉憂讒畏譏滿目蕭然感極而悲者矣至若春和景明波瀾不驚上下天光一碧萬頃沙鷗翔集錦鱗游泳岸芷汀蘭郁郁青青而或長煙一空皓月千里浮光躍金靜影沉璧漁歌互答此樂何極登斯樓也則有心曠神怡寵辱偕忘把酒臨風其喜洋洋者矣嗟夫予嘗求古仁人之心或異二者之為何哉不以物喜不以己悲居廟堂之高則憂其民處江湖之遠則憂其君是進亦憂退亦憂然則何時而樂耶其必曰先天下之憂而憂後天下之樂而樂歟噫微斯吾誰與歸

右錄范仲淹岳陽樓記今歲在
己巳為先公七十年誕辰謹錄之
作為紀念其崇高之人格也

己巳九月張光甫書

壬戌之秋七月既望蘇子與客泛舟遊于赤壁之下清風徐來水波不興舉
酒屬客誦明月之詩歌窈窕之章少焉月出于東山之上徘徊於斗牛之間
白露橫江水光接天縱一葦之所如淩萬頃之茫然浩浩乎如馮虛御風而不知
其所止飄飄乎如遺世獨立羽化而登仙於是飲酒樂甚扣舷而歌曰桂棹兮蘭
槳擊空明兮泝流光渺渺兮余懷望美人兮天一方客有吹洞簫者倚歌而和之
其聲烏烏然如怨如慕如泣如訴餘音嫋嫋不絕如縷舞幽壑之潛蛟泣孤舟
之嫠婦蘇子愀然正襟危坐而問客曰何為其然也客曰月明星稀烏鵲南飛此非
曹孟德之詩乎東望夏口西望武昌山川相繆鬱乎蒼蒼此非孟德之困於周郎者
乎方其破荊州下江陵順流而東也舳艫千里旌旗蔽空釃酒臨江橫槊賦詩固一
世之雄也而今安在哉況吾與子漁樵於江渚之上侶魚蝦而友麋鹿駕一葉之扁舟
舉匏樽以相屬寄蜉蝣於天地渺滄海之一粟哀吾生之須臾羨長江之無窮挾
飛仙以遨遊抱明月而長終知不可乎驟得託遺響於悲風蘇子曰客亦知夫水與
月乎逝者如斯而未嘗往也盈虛者如彼而卒莫消長也蓋將自其變者而觀之則天
地曾不能以一瞬自其不變者而觀之則物與我皆無盡也而又何羨乎且夫天地之
間物各有主苟非吾之所有雖一毫而莫取惟江上之清風與山間之明月耳得之而
為聲目遇之而成色取之無禁用之不竭是造物者之無盡藏也而吾與子之所共
食客喜而笑洗盞更酌肴核既盡杯盤狼籍相與枕藉乎舟中不知東方之既
白

蘇子作赤壁賦距今已九百二十年余在卅年前十二月二十七日書字一幅紀念此文九百年
今再重寫一幅為念以作今昔之比歲月有變然不變者羨蘇子之情也

張光甫

二千零二年十二月二十八日晨

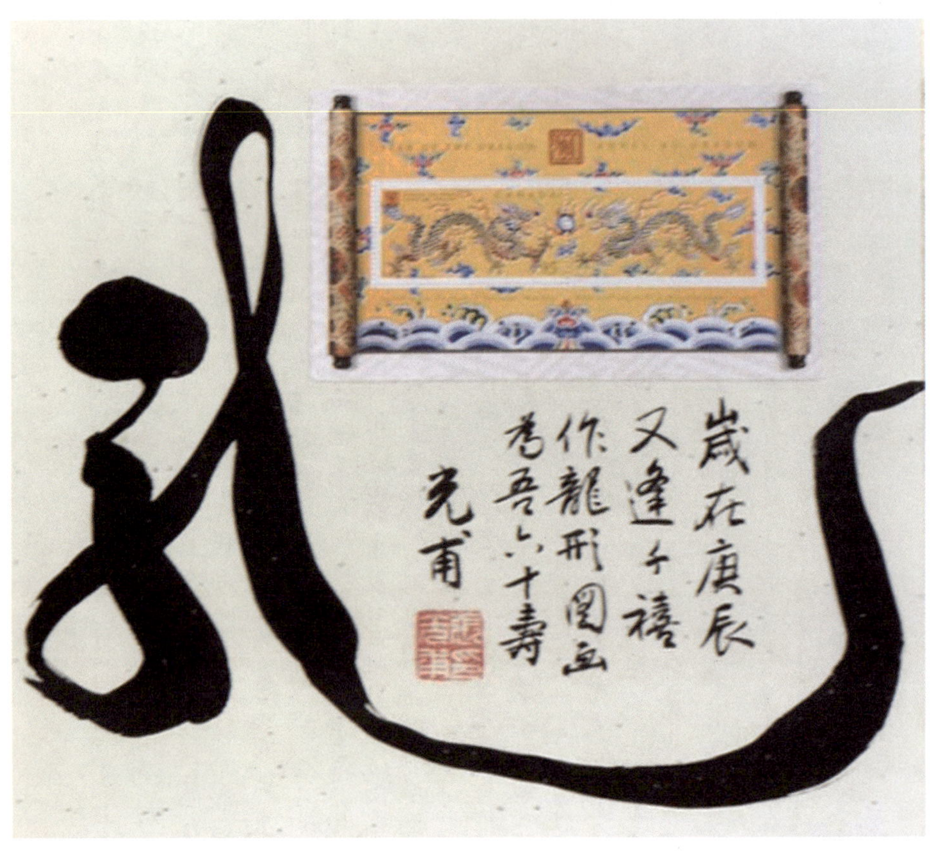
歲在庚辰
又逢千禧
作龍形圖画
為吾六十壽
光甫

江雨霏霏江草齊
六朝如夢鳥空啼
無情最是臺城柳
依舊煙籠十里堤

錄韋莊 金陵圖

紀念南京大屠殺六十週年

張光甫

一九九七
十二、十三

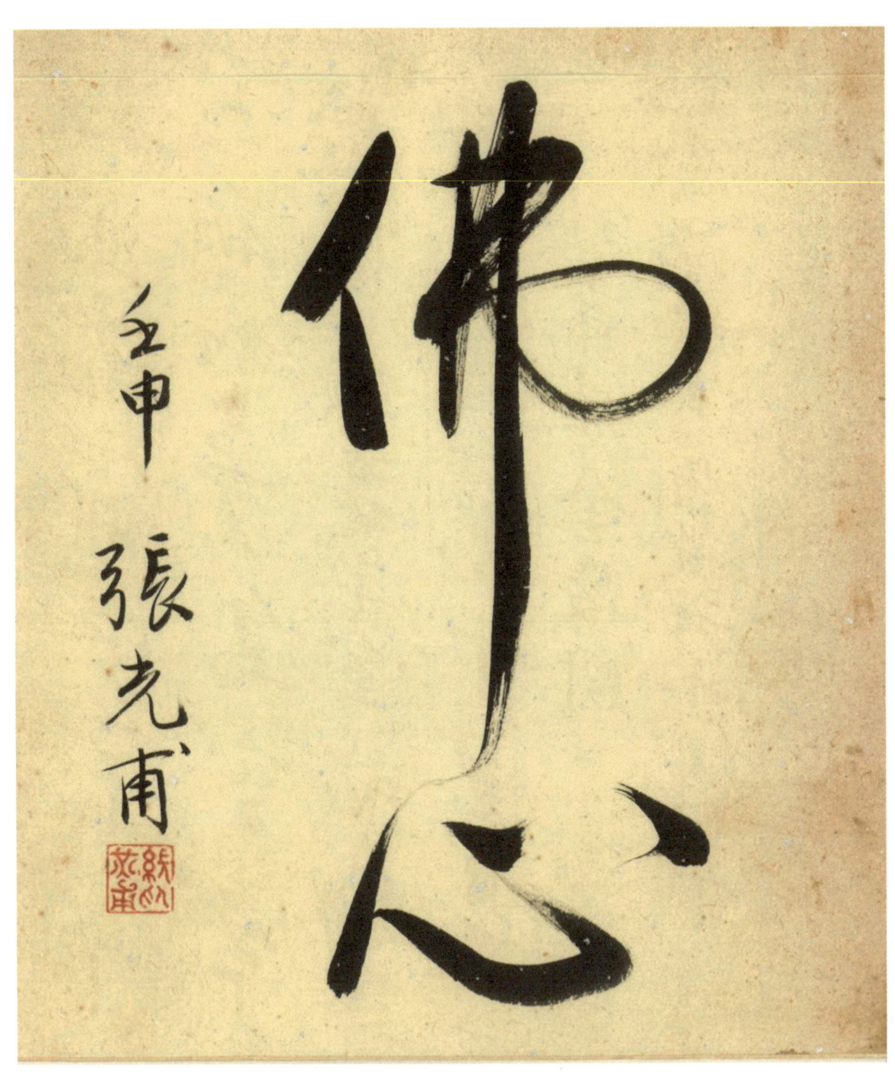
佛心
壬申
張光甫

質勝文則野文勝質則史文質彬彬然後君子

右錄論語雍也第六

紀念錢賓四李濟之兩位先生百齡誕辰 乙亥閏八月

張光甫

一九九五 九.五

屈原曰舉世混濁而我獨
清眾人皆醉而我獨醒是
以見放漁父曰夫聖人者不
凝滯於物而能與世推移舉
世混濁何不淈其流而揚其
波眾人皆醉何不餔其糟而
啜其釃何故懷瑾握瑜而自
令見放為

一九九九端午節　張光甫

海到無邊天作岸
山登绝頂我為峰

錄林則徐联語紀念
鴉片戰爭道光二十二年八月
二十九日南京條約 並賀
一九九七年七月一日香港回歸

張光甫

一九九七
六、三十

蓋將自其變者而觀
之則天地曾不能以一
瞬自其不變者而觀之
則萬物與我皆無盡
也而又何羨乎
千禧日

張光甫
二千年一、一

是會之設專為振興中華維持國
體起見蓋我中華受外國欺淩已非
一日皆由內外隔絕上下之情罔通國
体抑損而不知子民受制而無告苦
厄日深為害何極茲特聯絡中外華
人創興是會以申民志而扶國宗

右為孫逸仙先生於一八九四年十一月
二十四日在檀香山首創興中會之立會
宗旨今逢興中會百年之慶謹書之
以紀念孫先生之偉業

甲戌　張光甫書

依舊月明時依舊是空山
夜我踏月獨自歸來這淒寂
如何能解翠微山上的一陣松
濤驚破了空山的寂靜山風吹
亂了窗紙上的松痕吹不散我心
頭的人影　胡適詩句
紀念五四運動八十周年
張光甫
一九九九
五四

2.致贈師生同仁墨寶

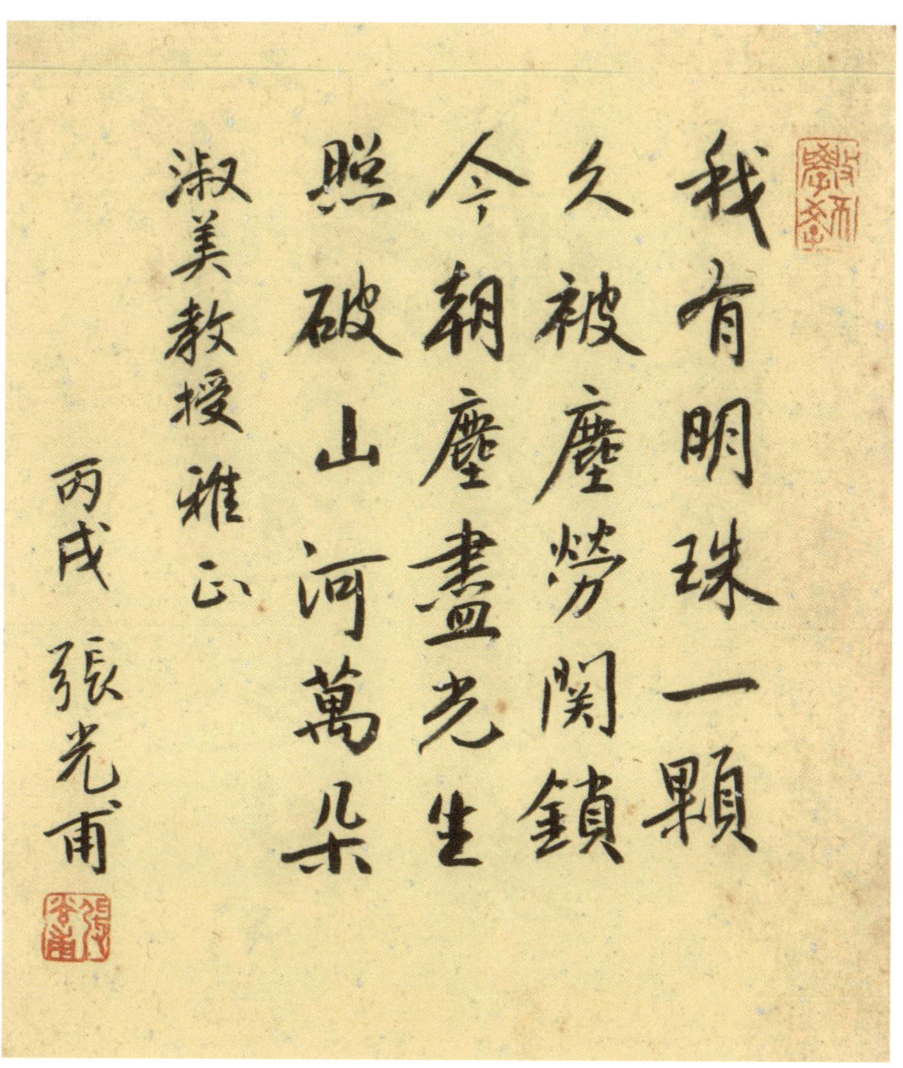
我有明珠一顆
久被塵勞關鎖
今朝塵盡光生
照破山河萬朵
淑美教授雅正
丙戌
張光甫

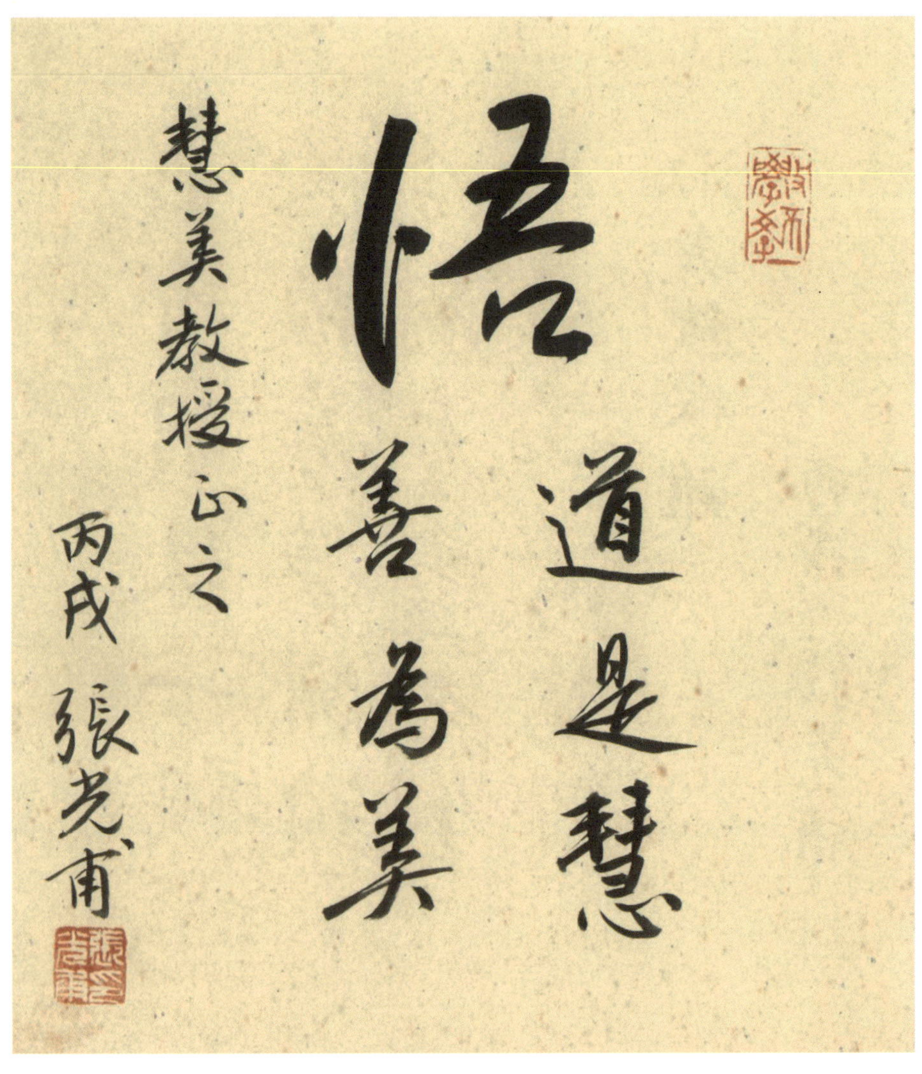
悟
道是慧
善為美
慧美教授正之
丙戌
張光甫

蓋自其變者而
觀之則天地曾不
能以一瞬自其不
變者而觀之則物
與我皆無盡也

勝義教授 正之
丙戌 光甫

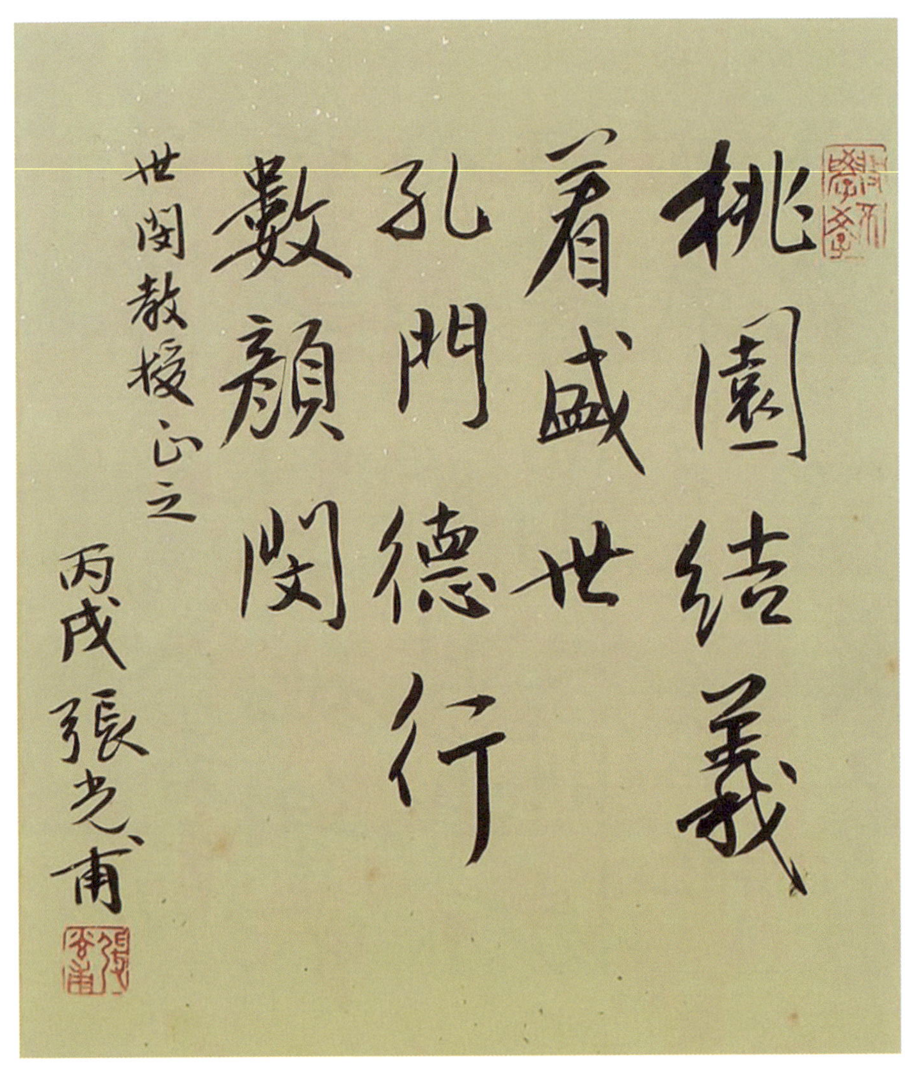
桃園結義
着盛世
孔門德行
數顏閔
世閔教授正之
丙戌 張光甫

冰窗明珠 其姿婉約
其心玲巧 光彩燿目
隨興揚庭 君子黃中
通回維理 居正位體
忠恕道貫 從心所安

賀玲婉榮獲碩士學位

張光甫

二〇〇五
十二、廿

春有百花秋有月
夏有涼風冬有雪
若無閒事掛心頭
便是人間好時節

愛鈴教授 雅正

丙戌 張光甫

大成若缺其用不弊
大盈若沖其用不窮
大直若屈大巧若拙
大辯若訥躁勝寒靜
勝熱清靜為天下正
巧玲校友 雅正

丙戌 張光甫

大德不官　大道不器
大信不約　大時不齊
察於此四者　可以有
志於本矣　書勉
八十級畢結業同學
張光甫

桂生高嶺零露方得滋其華蓮出淥波飛塵不能污其葉

錄聖教序句賀

教育系成立廿週年慶

張光甫書

蓋將自其變者而觀
之則天地曾不能以一
瞬自其不變者而觀
之則萬物與我皆無
盡也

賀桑嬪以亨先生喬居
加冕人生

張光甫

一九九八
五、四、

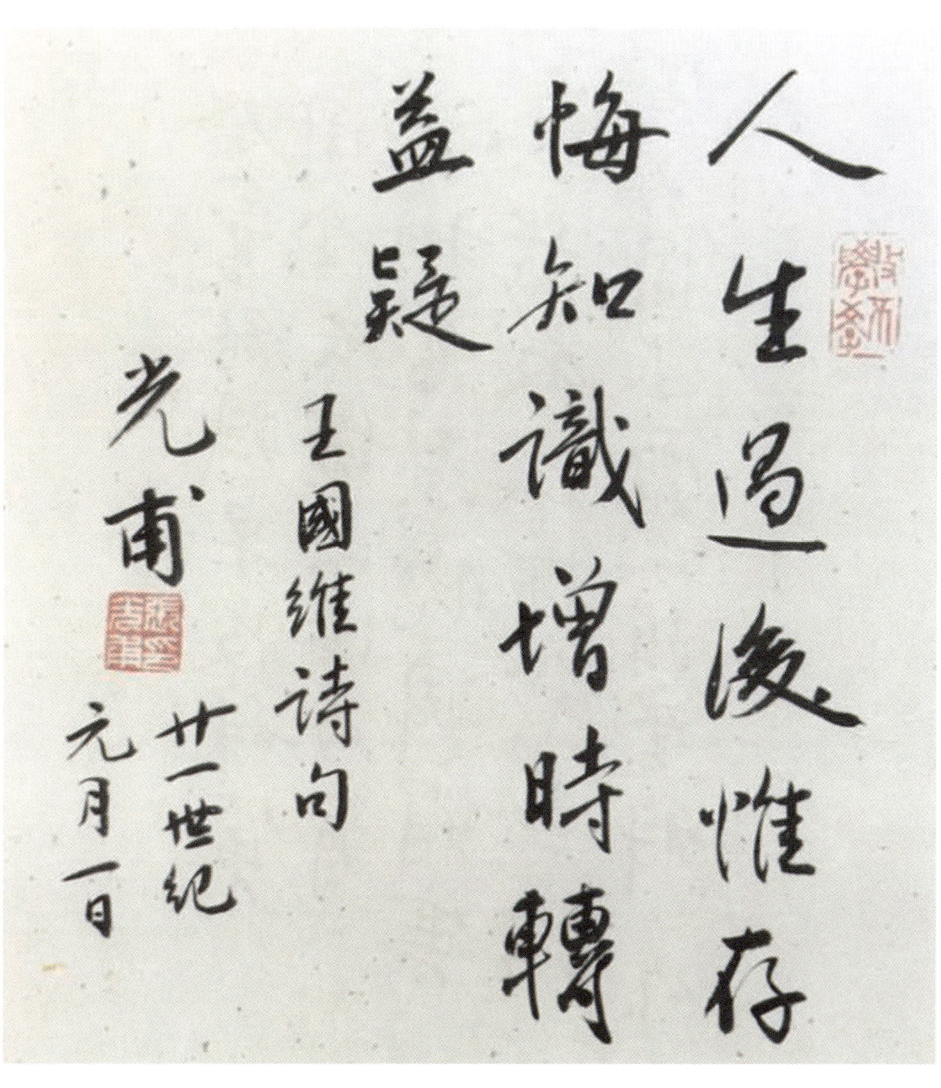
人生過後惟存悔
知識增時轉益疑
王國維詩句
光甫
廿一世紀元月一日

登高能賦早收科第
周全杏壇以汝為首
玉樹高潔晚凋霜寒
正興教化捨我其誰

為周玉霜．陳登科作

錦段希世寶淑郁
為珍王道遍天下
維新是賴
賀維新兄六十大順

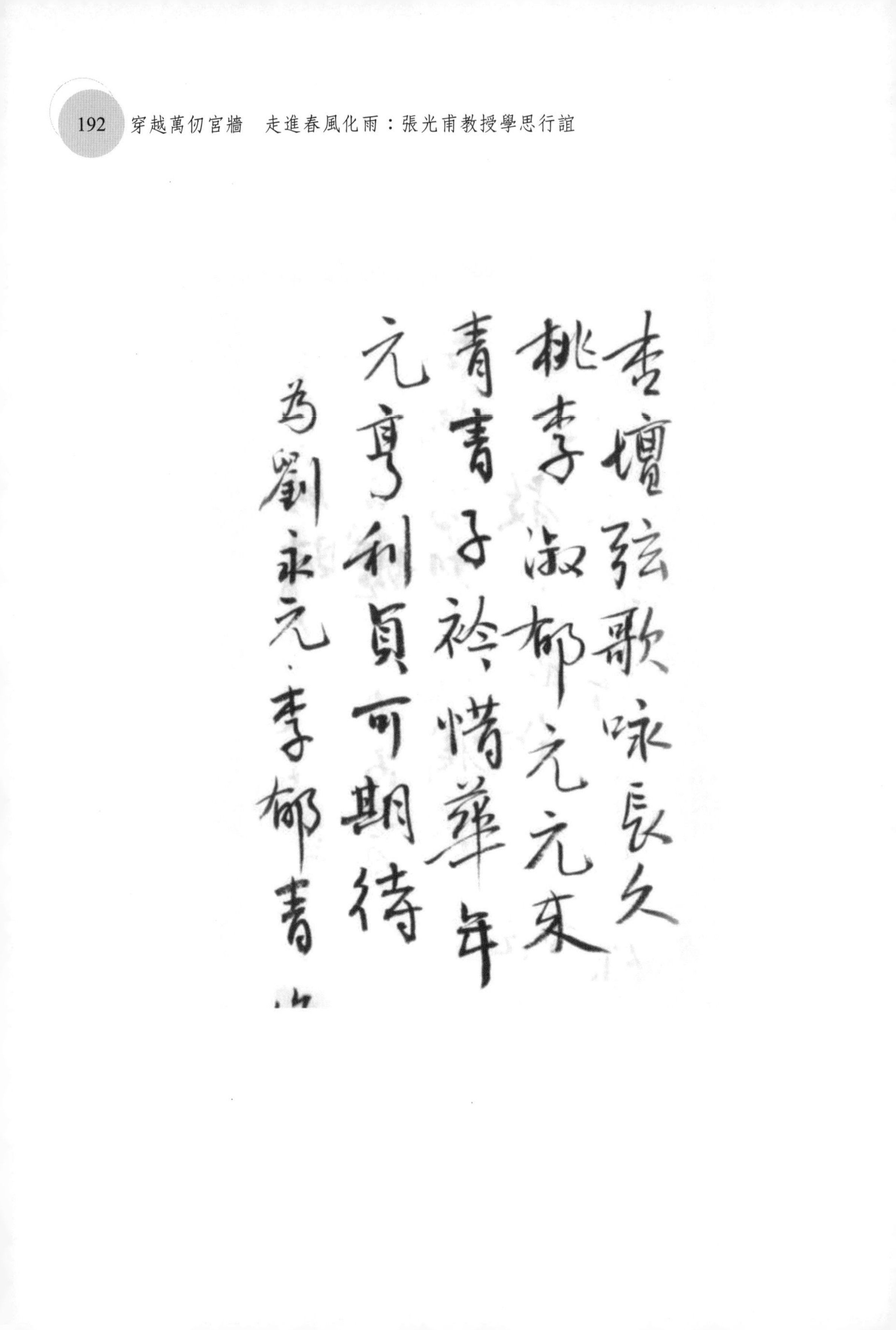

杏壇弦歌詠長久
桃李淑郁元元來
青青子衿惜華年
元亨利貞可期待
為劉永元、李郁青

附錄

1.博士畢業證書

THE UNIVERSITY OF TEXAS
AT AUSTIN

has conferred on

KUANG-FU CHANG

the degree of

Doctor of Philosophy

*and all the rights and privileges thereto appertaining.
In Witness Thereof, this diploma duly signed has
been issued and the seal of the University affixed.*

Issued by the Board of Regents upon Recommendation of the Faculty.

AWARDED ON THIS TWENTY-FIRST DAY OF MAY, 1988

CHAIRMAN, BOARD OF REGENTS

PRESIDENT

CHANCELLOR

DEAN

2.余嬪教授訪談

余嬪教授訪談張光甫教授一（蓮花水色）

黃楸萍於民國 110 年 5 月 21 日～5 月 24 日完成聽打

張光甫：#$%^%9（聽不清楚）不像我……一下老了 20 年……腦袋轉不過來……

余嬪：在最高潮的時候寫書……

張光甫：對！對！這樣比較好！

兩人對話#$%^&**&*$$#$$%（聽不清楚）

張光甫：#%$^%^%……我是覺得……一下老了 20 年比較好比較生動……

余　嬪：嗯！因為回味無窮！

張光甫：對！

兩人對話#$%^&**&*$$#$$%（聽不清楚）

張光甫：後來鍾玲也寫了一些別的東西，寫和尚啊之類的，但都沒有這篇生動，這篇我的記憶非常深刻！

余　嬪：誰寫的？

張光甫：鍾玲啊！

余　嬪：那水色蓮花誰是寫的？鍾玲啊？

張光甫：嗯！蓮花水色！

余　嬪：喔！蓮花水色也是鍾玲寫的？

張光甫：嗯！蓮花水色！那「三生石上」是張愛玲！不是！是張曉風！「三生石上」！「三生石上」！表示前世今生嘛！張曉風！張愛玲是後面「紅玫瑰白玫瑰」！

張光甫：我講得我很激動！

余　嬪：因為感覺太深了！

張光甫：我從前我父親媽媽都講我沒有出息！因為太會哭了！太會感動了！（哭……哽咽……）

余　嬪：你小的時候就會哭喜歡哭啊？

張光甫：不是！太會感動了！太會感動了！

余　嬪：情感豐富喔！

師　母：怎麼搞得他情感這麼豐富？我怎麼都不覺得他這麼豐富？

大家大笑！

張光甫：你不清楚！。

余　嬪：黃楸萍她花這麼多時間來整理出這個書，她這個 CD 完全跟這個一樣。

師　母：基本上！

張光甫：我們可以放啊！

余　嬪：張老師你是家裡老幾？

張光甫：老大啊！

余　嬪：你老大啊？耶？老大很少是這樣子的個性耶！對不對？因為老大個性都比較@$#$^^&^（聽不清楚）

張光甫：我有五個妹妹，一個妹妹在大陸沒有帶出來。

余　嬪：有聯絡嗎？

張光甫：沒有甚麼聯絡，但是我的另外幾個妹妹有聯絡，我妹妹$%$%^^&^（聽不清楚）

余　嬪：所以其他弟弟妹妹都還在台灣嗎？

張光甫：弟弟一個在紐西蘭一個在澳洲，一個大妹妹在加拿大，她先生也 94 歲了！另外兩個妹妹在臺北。

余　嬪：那張老師您母親還在嗎？

張光甫：我母親過世了，兩年，去年過世了。我媽媽過世我也沒有回去，我在這裡已經有病了，她是 27 年，我是 26 年 2016 才回去。

余　嬪：2016 最後一次回去，那個時候媽媽也沒有辦法來看你？

張光甫：沒有辦法！我媽媽在照顧我……

師　母：他媽媽 90 幾歲耶！。

余　嬪：喔！那已經很非常高壽！

張光甫：93 歲！

師　母：很高壽！他媽媽身體很好！

余　嬪：很高壽！

張光甫：我媽媽跟我的小妹妹住在榮總附近，我的小妹妹是護士，物理治療，但她現在好像也有病。

余　嬪：為甚麼呢？她沒有照顧好自己啊？

張光甫：有些事沒有辦法的

Eric 來了！……

余嬪訪談張光甫二

余　嬪：啊！10 多歲啊那你對大陸的事情還記得嗎？

師　母：10 歲。

余　嬪：10 歲啊？那還記得大陸是嗎？ 還記得啊？所以你來這邊就直接到高雄啊？

張光甫：對！

余　嬪：哇！那其實你是高雄人喔？

張光甫：對！

余　嬪：你要不要吃一點飯？你還有看臺灣新聞嗎？教書在高師大 40 年，對高師大感情很深吧？

張光甫：還好！去年 50 周年高師大我想去，但已經走不動了！我媽媽過世我也沒辦法！@@$&*瘩✓（聽不清楚）

很多人對話（**&%$%#%^%*（）（）*（^%##$@（聽不清楚）

余　嬪：Karen 妳加拿大生的？好像很愛加拿大？
Karen　：當然啦！

很多人對話（**&%$%#%^%*（）（）*（^%##$@辣的!I didn't know**^^$%#@$%（）（*）65 very spicy（聽不清楚）臺灣滷肉飯……四川滷肉飯……

余　嬪：你們去臺灣最愛吃甚麼？
Karen　：牛肉麵！
余　嬪：喔！真的好吃！
余　嬪：高雄哪家牛肉麵你們愛吃？
Karen　：港園！
余　嬪：喔！港園！還有甚麼？
Karen　：火龍果、芭樂……

很多人對話（**&%$%#%^%*（）（）*^%##$美國不進口芭樂……有的人覺得意思不一樣有的人覺得一樣……你也來吃啊（聽不清楚）

余　嬪：所以張老師其實你在這裡如果想吃這些食物都還是可以！
多　人：都可以！
余　嬪：臺灣有甚麼東西你還想吃，吃不到的？
張光甫：%^*&（*（聽不清楚）

旁邊有人回答：他甚麼都可以，他不會很挑食，只重視心靈層次……哈！哈！哈！

余　嬪：有的時候是一個習慣，口味……那美國食物你們喜歡吃甚麼？
Karen　：牛排……哈！哈！哈！

很多人對話（**&%$%#%^%** 芒果配辣椒 **&^^^$$$ 很好吃對不對?%^%^#$#$#$連台灣都有#^&&*（聽不清楚）

余嬪訪談張光甫三

余　嬪：好！啊！張老師現在請問你啊，在教學的生涯裡面對教書這件事情你有什麼心得？

張光甫：教書啊？教書有時候我覺得白教了！沒有甚麼用！

余　嬪：啊？為甚麼？

張光甫：人會明白的自然會明白，不明白的你還是不明白，所以我有時候覺得教育啊！沒有甚麼用，這是我的感覺。因為有的人啊！有的學生啊！知識層面可以看書啊可以接受，考試也考得不錯，但他對於生命的改變還沒有概念。那個我常從前常常講我年輕的時候 27 歲到高師大，因為我很年輕，所以我的知識經驗都很淺薄，學生聽不懂我在說什麼，等到我的知識經驗充足一點呢，那個我的學生太年輕他們也聽不懂我在講什麼。這是我的 50 年高師大 50 年的時候的一段話，反正就是聽不懂看不懂。假如說你自己沒有生命體驗的話你不會了解。

我教了這麼多年的書啊，只有一個學生，我不曉得，名字記不住了，只有一個學生，有一次他寫聖誕卡還是怎樣，他寫張老師啊，我懂了，我懂了你在講甚麼了（哭……哭……哭……）。我很感動，因為他知道我從前所講的，他當時不了解，但是有了生命經驗以後他說終於懂了，所以教育有的時候是白費的，有的時候等時間。這也不是我個人的感覺，事實上這種感覺我在我的教育哲學書裡面也引證了英國的哲學家教育

哲學家 Peters 的一種感觸，他也是說這是教育啊，他只是一種一種碰運氣碰碰運氣一種說法。呃，一種碰碰運氣，你運氣好，那人家聽進去了會改變思想改變行為，那有時候聽不進去呢，你與他的差距太遠了，那也是白搭啊，我是覺得白搭，所以後來我發現在那個……有一個人…黃宗羲還怎麼樣……他裡面有一句話，他說，道理呀，你說明白，說不明白了，有的人會懂，有的人就是不會懂!那怎麼辦呢？這是我的感覺，我雖然教書這麼多年，但是我從來不會認為說一定要怎麼樣改變社會呀，那個自己有因緣，有的是有的時代有出了一些人，那些人可以改造社會，但有的時代裡面也沒有這些人，反正照樣要活下去！照樣活下去！所以我常常講，我太太常常罵我說你是教育系的老師又做過教育學院院長，你怎麼可以說教育沒用呢？我現在還是覺得教育沒有什麼大用，呃，這是我的看法，呃。

余　嬪：可能那個效用不明顯，或者當下不能立刻作用，那，所以如果這樣子，好老師壞老師沒差別，是嗎？

張光甫：$%%^&（聽不清楚）

余　嬪：或者老師也沒有什麼好老師？

張光甫：沒有甚麼好老師壞老師！你隨便去紀念一個好老師，天下是非很難說，也許你的壞老師給他的當下壞的印象，但是他以後這個學生反其道而行，也許他會成功啊，因為時代改變了，這個你變成梟雄的時代。那你剛好壞老師培養出來的，那好老師呢，規規矩矩，但是我們所提供他的一些知識經驗呢，他假如說那個學生在一個很亂世在一個是非不明的社會裡面呢，他會把你現在教誨當做是騙子騙人的話，你教我誠實呢？但現在社會哪有什麼誠實？就吹可以吹吹吹牛拐騙，才會成功。對不對？所以我是覺得沒有什麼好老師壞老師的說法，因為好壞的標準隨著外在社會在改變，也隨著我們自己的年齡增加以後，經驗增加以後要判斷，我是這樣看法，所以這樣講起來呢當然不公平啊，對於規規矩矩在做教育工作的人不公平，但是我們放寬眼光的話呢，就是這樣子，就是這樣子。

余　嬪：其實學習不能全部靠老師！

張光甫：對！

余　嬪：因為學習的人自己也要反省老師說的話，還有就是有的時候可能不到自己經驗，有些事情是絕對就是不能理解，是吧？

張光甫：對！

余　嬪：老師是一個提醒，老師是一個提醒，就像看書一樣，有時候我們也看不懂，過幾年再看一次。啊！也可能就稍微懂了，我想老師可能的角色，呃，不是那麼的不能過度的神聖，或者是那個厚度的，那個但是事實的，或者在某個時候提醒，後來反省和後來再聽到了，那個理解就可能……那個關鍵很重要，所以有什麼事情大家覺得說，唉！人生真的需要有一些基本的需要了解，或者是比較要做到做人。張老師有沒有覺得有些甚麼基本的東西？這個人？

張光甫：基本東西就是做人盡你的心力把他做好了，這是最重要的嘛!對不對？因為反求諸己嘛！你基本上呢，像儒家所講，你規規矩矩嘛，你在某個時間空間裡面，你該有的責任，你要把它盡了，這是最重要的，那麼至於孝順父母啊，那麼隨著時代改變啊，那個中國社會當然強調傳統啊，呃，那是基本的道德，那西方社會也在講一些基本道德啊，這個人的規範當然應該遵守嘛！這是沒問題的，但是你外在社會壓力太大，你的組織倫理機構太龐雜，變成人、個人的一種不自由的話，那有的時候就很麻煩，所以為什麼會有青少年問題呢？主要是我們社會越嚴格，外在控制越強，青少年的問題越嚴重，那麼有人研究說在那個初民社會呢，甚至於文化落後的地方，沒有青少年的問題，為什麼沒有青少年的問題呢？他外在的制度壓力不夠大嘛！非要講君君臣臣、父父子子啊！對不對？那就小孩跟成人之間沒有衝突嘛！那現在為什麼會有衝突呢？因為你老一輩的學校裡面要灌輸那個學生一些基本呢，自以為基本的概念知識好讓你求生存啊！等等，那就會有衝突。假如說衝突減少的話，感覺外在的規範不要太嚴格嘛!讓學生讓個人有個呼吸的空間嘛！那也不是很好嗎？

所以我是覺得像我女兒，他們管教子女太嚴格，呃，我是覺得她是很笨，關係搞不好很沒意思，我們家有個朋友，他的態度，他說，媽媽的態度就不一樣了，她說她什麼都不管，呃，她說，小孩子要這個要這個，她說隨她自由，那我想這個是對的，哦，那你要關係搞得好，他要常常回來壞事好事都告訴妳，那麼這個是成功的媽媽、父母，假如說這個小孩子跟你關係緊張，關係緊張，呃，好事壞事都不給你溝通，那這個是失敗了，在我看，這是我的一些看法。

余　嬪：基本規範有，但是呃在管理上也不能用強迫的方式，是不是這樣子？

張光甫：對！

余　嬪：我們在學習……就是對學習的……我們假如從一個學習者的角度的自我要求是甚麼？

張光甫：自我要求啊？自我要求就是儘量、盡量把你潛能發揮嘛！就這樣。

余　嬪：如果有限制的這個環境下，我們怎麼？我們是要妥協？還是到反抗呢？

張光甫：那就看個人的機緣、外在的機緣，你假如能夠……你的性格裡面天生是反抗的性格，那你不反抗，一樣很剛好，那有的人……有的性格比較柔順一點，可能呢……他說，他認為這個時代這個社會已經沒辦法改變了，那這樣，那就是勉強順服算了。或者等待，等待有自己可以當家做主的時候再說嘛！那有的時候，我想沒有一個現成的規範，可以告訴他應該做什麼做什麼，完全是看時機，看你本身條件，外在的機緣，所以機緣是很多啦！我是覺得機緣……這講起來好像有點迷信，有點……事實上有的時候就是靠機緣……人與人之間就是一個機緣，甚至於社會文化都是靠機緣在傳達，那這是我的看法。

余　嬪：所以張老師你讀書的過程當中非常歡迎的一些特別的文章或者是人或者是作者會是哪些？

張光甫：人家的作者……

余　嬪：給你一個很重要的觀念或者是影響？

張光甫：很觀念的話……影響的話……當然基本上面是儒家嘛！對孔子孟子四書五經裡面的基本規範，我認為是還是可以講嘛！然後我對於老莊哲學裡面所產生的一些思想，我也在慢慢在琢磨學習嘛！

余　嬪：可是老莊跟那個孔子感覺好像他們很不同的這個風格耶！他們可不可能……好像……？

張光甫：老莊……老莊的東西事實上面是人的個人的心靈的釋放，呃，那心理上的釋放你太過了，當然也不行呀！那要靠儒家的東西建立外在的規範，所以這兩個兩個學派我，我是認為說可以互補，可以互補。因為有的人生長在一個禮教或者外在規範很嚴格的社會，所以他潛在的內心就要自由，可能選擇老莊多一點，那個呢……那有的人呢……可能性格……性格比較浪漫啊……個人主義啊……但也許他慢慢長大以後才覺得外在的規範也是蠻好的。他也會結婚生子啊，對不對？做一個平凡人啊快樂的老百姓了。我是覺得天下事情很難說，很難說啊，我現在不在乎人家說我，像我太太說你這個嗯是……是非不明、是非善惡不分啊！

沒錯，那我想這話講得很對，我有時候對於任何事情的看法總是全面關照。

不會用我自己的觀點來看，我都是圓觀……像圓圈圈一樣，你要統整來看，這樣才行，否則的話有時候會有差錯，所以這是我的看法。

余　嬪：看學生會不……會不會有那種感覺……看到聰明的啦！笨的啦！好的啦！壞的啦，我打分數也有高低啦！還是有分別？

張光甫：那當然！好的壞的你分數評量……那是憑你自己的感受嘛！對不對？而且你要看你這個學生的訓練……他的目的是幹什麼？他假如說他的目的是為社會服務，那你當然社會服務的特質你要增加，你假如說這個科目要看他的個性發展，那因此你要注重他的獨創性、他的自由度、自由獨立的想法。所以這個有的時候你沒有一個準確的……

余　嬪：你只有在那個情境下……某個特別的狀況我們可以……可能有一些看法或者是意見……或者是評量，但是實際上整體來看，呃，沒有一個固定的標準？

張光甫：對……對……是這樣的……

余　嬪：張老師你生生病了，這件事情對你的影響是什麼？

張光甫：生病的影響那又是不舒服嘛！身體上面不舒服，心靈上面我當然也會有挫折感，怎麼會生這種怪病呢？對不對？怎麼會輪到我呢？那有時候想想，你也不得不認命啊！就是你，你的生命就要到這個時候生這種病啊，那怎麼辦呢？那只有逆來順受嘛！反正盡量治療嘛！藥也在吃嘛！我一開始的時候，我的病我一開始的時候，我就常常想到法國大革命的一句話「不自由毋寧死」，我現在不自由啊，手啊腳啊，都不能動，要靠別人幫助，那不自由毋寧死，死了還一死百了，這樣比較好，不要連累別人啊！對不對？所以我從前常常開玩笑說什麼叫做好人？好人是不找人麻煩的人，什麼叫壞人？壞人是找人家麻煩的人叫壞人，那你依賴別人越多，你找人家的麻煩越多，那你你壞的成分就增加。那我現在的話就變成一個大壞人。

余　嬪：不過這樣子我們每個人可能都要做的，這一輩子都要做一下壞人。呵……呵……

張光甫：那倒是！

余　嬪：那之前要做點好人好事平衡一下，呃？

張光甫：對！盡量不要去找人家麻煩嘛！我從前也講什麼叫做好兒子、好學生？就不要找父母的麻煩。不要警察每天找上門，那假如說警察每天找上門，老師常常找上門，那你就是壞人，雖然你成績很好，那也是壞人，成績好有啥用！？成績好，惡事做得更大，還不如一個笨蛋，他的影響力還小一點。所以天下事情，我發現說不明白、說不明白，我從前常常想到黃仁宇……黃仁宇做這個萬曆 15 年，這個作者常常說，他說……他說甚麼呢……他有一句話講得很好……我一下記不清楚了……啊……他說，我們常常要推開歷史 300 年，呃，才可以知道真相，叫做「歷史的長期合理性」……「歷史長期的合理性」就是 Be a long-term rationality of history，就是你長期的歷史合理性，所以，因此我們把時間推開延長，我們才可以看到，哦，這個事情就是這樣子，所謂的合理性就是這個意思，就是這個樣子，所以，比如我從前常常有這樣的概念來說明清代那個末代皇帝，末代皇帝他為什麼後來要找日本人呢？找日本人偽滿洲國呢？這假如說我們是站在皇家的……滿清皇家的……站在他們的立場、末代皇帝的立場，那你說你要不要把祖宗的家業繼續下去啊？你也會要啊！你不管人家罵你漢奸也好，走狗也好，那我，我是大清江山在我手上丟掉了，我要把它恢復啊！那怎麼不可以呢？當然可以，但是問題是說，呃，每一代的人寫他自己的歷史嘛！呃，那怎麼辦呢？「成者為王敗者為寇」就是這樣子，所以很多人，呃，為什麼很鬱卒呢？為什麼心裡不平衡呢？因為他不明整個宇宙整個社會整個的結構，它就是這樣！它就是沒有什麼理由可講！你說有什麼理由講？沒有理由！呃，雖然歷史學家，我們讀書人要很多很多理論的解釋，那事實上這個理論解釋也說不清楚到底是怎麼回事！這個是我的一些看法。錢鍾書曾經訪問美國，夏志清曾經招待過錢鍾書，錢鍾書跟他說，他說他做人的態度是 long-term pessimism，short-term optimism，夏志清就把他這句翻譯叫做「從長遠看是悲觀主義，眼光放近，那你不得不努力追求讓你生活過得更美好」，我就覺得這兩句話講得真好！人生就是……你從長遠看你人生，呃，一切……你怎麼解釋……美國……每個國家的歷史，每一家庭社會都是這樣，但是你當下呢……你活在當下呢……那你當然理應應該規規矩矩把你的事情做好啊！那你不樂觀怎麼行？也沒有辦法！所以我是覺得這兩句話是講得蠻好的，所以悲觀也是福！我曾經有一篇演講稿，我覺得悲觀也是福，（哭……哭……哭……）悲觀為甚麼是福呢？因為你已經看破了嘛！你看到人生必死嘛！所以你就會坦然處之，否則的話你會遺憾了，那事實上做人有什麼遺憾呢？沒有甚麼遺憾，已經活了那麼多年，這麼長的年代。反正人生就是這樣一套，呃，所以你就不必太難過了，但是難過總是會難過嘛！因為你在當下嘛！（哭……）

余　嬪：所以，有些人是要那個下一世不要再做人了，呵！呵！所以宗教有說你就是要去西天待在那兒了，對不對？所以他大概就是……我想就是……對這樣子呃……想法提一個解決吧！他解決的想法，是不是這樣？因為你說對這樣的說法，誒，到後來你好像就是一個無解了，所以就會有宗教的一些想法出來，才能夠跳出這個部分，或者躲避出來。

張光甫：對，是上面，就是這樣啊！你知識越多你越煩惱，你假如無知也就算了，幸福全在無知嘛！對不對？那個英國有一個引用文學家散文家，他說，你每個人都在找尋完美完美，事實上，完美你哪找得到啊？呃……你知道比方說拈花匠知道各種花的樣子，然後曉得花要甚麼營養，他最清楚，所以種玫瑰花的，種玫瑰花的人，總是憂鬱的（哭……哭……）

余　嬪：為什麼？

張光甫：因為他最了解玫瑰花的%^%^^&（聽不清楚）……（哭……哭……）……所以幸福全在無知，我們不知道玫瑰花%^%^^&（聽不清楚）……（哭……哭……）……所以為甚麼老莊要我們無知，就是這個道理！我們太有知了！太有知了就不好！所以老莊裡面他說有個人……皇帝遊於崑崙，到崑崙山去遊玩，（哭……哭……）他的寶珠掉了……他就派人去找（哭……哭……），他派甚麼人呢？他派一個很會講話的智者去找，他說找不到，他後來派一個很會做畫的人去找，他也找不到，他後來派一個很會吹笛的人也找不到，找不到怎麼辦呢？後來皇帝他就派了一個渾沌，渾沌他甚麼都不知道，ㄟ！他把明珠找到了！那這故事我覺得講得很好啊！天下事情認為真理要靠有知識有經驗的人去找，那事實上面，知識真理在哪裡啊？你無知的人才能夠真正明白，才是真正幸福。剛才所講的，種玫瑰花的人總是總是憂鬱的，為什麼憂鬱呢？因為他太知道你了，你不知道也就算了，不知道他就不會痛苦了。

余　嬪：張老師，你這個好有趣ㄛ！這個例子ㄛ！後來渾沌大家把他開竅了，他的下場就慘了！

張光甫：對！對！下場就慘了！所以渾沌是比較好的……

余　嬪：可是張老師你雖然這樣講，可是你一輩子都在求知，都在追求更清楚，想要了解一些事情啊，對不對？你都在讀書啊！

張光甫：那也是求職不得已啊！

余　嬪：為甚麼？為甚麼不得已？

張光甫：因為這是你的工作嘛！

余　嬪：你覺得這是工作嗎？你如果不做這工作，你就不會這樣嗎？

張光甫：你不做這工作，你就……

余　嬪：你退休以後，你有沒有再繼續？

張光甫：繼續想啊！

余　嬪：繼續想啊！尋找啊！繼續閱讀理解啦！甚麼的！

張光甫：對呀！總要想一想！因為過去你的知識經驗有個底子了嘛！所以你就可以去疏通你的情感啊！困惑呀！但是，我是覺得，我們做人有的時候不求甚解也就算了，不理他也就算了，天下事情沒有好壞對錯，我是常常這樣想，因為好壞對錯很難講，甚麼叫做好？……

余　嬪：不到最後……

張光甫：對！

余　嬪：不到 long-term……呵！呵！

張光甫：對！long-term……歷史的長期合理性！這講得很好，所以，黃仁宇常常說我們要推開歷史三百年你才看到真相，所以我們對於古往英雄、奸臣，都是該要用這種態度去理解。

余　嬪：那所以，如果這樣，其實一時的悲起都是無關緊要了，都是小事。

張光甫：對！無關緊要！

余　嬪：或者得失，可能都……是小事。

張光甫：像弘一法師所講的`「悲欣交集」，悲裡面有喜，喜裡面有悲，就這樣！基本上是「悲欣交集」、「苦樂參半」，憂樂也是參半，有的人年紀輕的時候很吃苦，到老來老天爺給你一些補償，給你安定的生活給你長壽的健康的身體，喔，給你子孫呢，呃，很孝順，很有成就，這是補償嘛！要誰知道？對不對？有的人，年紀輕的時候，家裡面很富有，呃，享受，但是到後來，你晚年的時候很辛苦，你財富啊都被你花光了，那怎麼辦呢？所以，很難講，我是覺得我我接近生命的終點，我才了解一切都是未定，一切都是很難說，很難說好壞，很難說，所以佛說「不可說不可說」！

余　嬪：而且而且啊！對！很難說！而且還沒有到……還沒有……呃……還說不完，因為如果還有來世的話……。

張光甫：對，對，對對……。

3.外孫女 Athena 訪談

黃楸萍於民國 110 年 06 月 30 日～07 月 01 日完成聽打

Athena：OK！Continue！

張光甫：他說你這裡可以去念個博士嘛！我給你獎學金嘛！後來我就改變計畫。

Athena：為甚麼你要唸？

張光甫：有機會可以做做啊！沒有機會也就算了！我本來申請的時候只有一年兩年進修算了，後來那個考官說你可以繼續唸個博士學位好了！我就說好嘛！所以我就改一下計畫……研究計畫嘛！

Athena：那你為什麼你要 write about Hutchins？

張光甫：因為他在美國是很有名的一個校長，而且很有爭論吧？他把當時 30 年代美國芝加哥大學的校隊啊，足球隊啊，停止，他說大學主要的功能是研究高深學問啊！你把你踢足球踢好，全國有甚麼用啊？他就把它取消了，所以引起很多人的反對。對不對？但是他很有魄力啊！這個校長很有魄力！對不對？但是現在也做不到啊！現在民權高漲，學生用石頭丟你，說不定把你趕下台，也說不定，所以很多事情做得成做不成跟時代背景有關係，你在某個時代，你可以這樣得到好的效果，你改變時代，你要跟他學習不可，對不對？美國有這一個 Hutchins，美國教育上有 Perennialism 永恆主義，還有 progressive 進步主義，還有那個什麼很多的主義。後來在芝加哥大學編了一套 100 本名著，西方的名著，100 本，Great Books！要給學生唸，當時非常有名，大家都念 Great Books，100 本，那也很好。那現在誰唸 100 本 Great Books 啊？對不對？你們！

Athena：Did you？你有嗎？

張光甫：我也不可能有啊！那是西方經典嘛！那我們只唸我們中國的一些經典。現在也更不可能，現在誰管你 100 本？一本都不一定有了！美國也是一樣！對不對？

Athena：What is your purpose of writing this book? Your purpose?

張光甫：My purpose 一方面就是說因為我對這一個人比較熟悉，沒有人研究過，我拿到學位，他幫助我拿個學位嘛！因為你去的話最主要是拿個博士學位回來，那就這樣，對啊！而且我對他已經有些概念，那美國找他的書比較容易一點而且比較快，你找個不熟悉的就比較慢。

Athena：那你覺得這個時候你的 education ability 比較好嗎？

張光甫：那當然！

Athena：What is the big thing you learned？

張光甫：The big thing learned 就是世界上有許多真理是不變的，對不對？講仁慈啊！講道德啊！從古典裡面去找尋靈感，那這是不變的，Perennialism 永恆主義，對不對？所以我相信很多東西是好的，是永遠不變的，每一個人都要去信，要相信也要謹守，要實踐？！對不對？那否則社會變成禽獸的社會，那怎麼辦？雖然有暴君啊！有希特勒！有毛澤東啊！但是人還是回歸到本質的人性，而且大學教育、高等教育主要啟發人的道德人格作為全民的模範，你現在也不會，現在典範在哪裡？在華爾街！美國的華爾街！對不對？學術界他們，有的瞧不起人！從前中國人&^*&*&*$%$%T……（聽不清楚）

Athena：Are you sad?

張光甫：我沒有 sad！每一個朝代都是這樣！你盡你的能力去做好就算了！

Athena：Do you think education phylosophy 已經 dying？

張光甫：它不會 dying！怎麼會 dying？不會 dying！我那個教育哲學裡

面說最重要的講我的一些觀點，我那個書裡面講最重要的觀點是甚麼呢？我們讀書人，我講教書的老師也是知識人，Intellectual，知識人嘛！知識人要引導社會，作為全民的典範，做人家榜樣，我書裡面跟別的書不一樣，我很重視典範！典範，什麼典範呢？就是知識分子的典範！我舉了一些人，喔，那個來做為證明，我舉了蔡元培北大校長、胡適之，呃……然後洪業，燕京大學的教授，作為說明……說明這些人氣節很好，不畏權勢，講真話！不畏強權！對不對？現在美國社會不行！比較功利社會，功利社會就是你對我好，好在哪裡？給我錢、給我機會，然後你不給我好了，那就往往我馬上把你好的一面就抹殺掉了！這個不行！所以後面我第二版的時候……

Athena：你有 second edition？

張光甫：有！我教育哲學有兩本啊！第一版在那個書架上面，第二版我加上人人都需要學習，我第一版是講兒童需要哲學，婦女需要覺醒，然後呢，加上人人需要學習，每個人都要學習，加上這個，然後增加了一些對於孤獨的 solitude 的重要性，因為美國很多作者都鼓勵人要 solitude，尤其是旅行家呀！探險家呀！他有很多書，我第二版的時候發現美國好幾本書專門在講 solitude。我當時說我們老師要很多的迷惑，從前中國人說老師要清貧、要窮一點，窮一點就比較好，那我講對不對，老師為什麼要清貧！？然後從前我們中國人說燃燒自己照亮別人，那我講為什麼老師要燃燒自己照亮別人！？既然照完了以後就完全沒有了嘛！我講要做一個 rechargeable 的電池，我們繼續充電，然後繼續教，這樣比較好，對不對！？那我後來我講了很多老師的破你的執迷、破你的固定的觀念，我在緒論裡面寫，我講我到高雄師範大學的時候很年輕，我才 27 歲，在教書嘛，我講我太年輕，知識經驗不足，但是我講課的時候，學生不知道我在講什麼，因為我也許經驗不足，但是我講過了 10 年，我的知識經驗增加以後，但是我的學生太年輕，他們也不知道我在講什麼！反正，不管我年輕還是他們年輕，都不知道我在講什麼，你今天這樣講聽得懂的話，你要學生自己的生命要去體驗。呃，我有一個學生，畢業很多年，有一次我接到他聖誕卡，他說張老師我終於懂你講什麼了（哭……）！我好感動!（哭…….）終於懂我講的什麼了（哭……）！你講時間……嗯，嗯，每個人的生命體驗啊才會真正的懂！！你沒真正的體驗你怎麼會懂？反正很好玩就是！我去年高雄師範大學 50 週年，成立 50 週年，慶祝，我沒有辦法躬逢其盛，覺得遺憾，他們是希望我回去，但是我那時候已經走不動了，後來我就寫了，我剛剛講的，我講我年輕的時候知識經驗不足，學生不懂我在講什麼，聽不懂我在講什麼，那等到我的知識增加以後，我的學生太年輕，他也聽不懂我在講什麼，但是我現在我，我有自己的哲學的觀點，我終於明白，我講你們過去的學生，也許你看到我的書以後也會最後終於明白我在講什麼，我現在一些意見給他們做參考。反正人生嘛！就是這樣！人生有很多的際遇啊！碰到，碰到就…就很幸福，碰不到，那就沒辦法。你能夠碰到幾個好的老師、好的朋友、好的婚姻、也是不錯的！好的職業……那最重要的就是你的心境也好，你心境呀！你的性情也好，你不貪不取，呃，規規矩矩的，完成自我……self-actualization 嘛！就是心理學家 Maslow 所講的要 self-actualization！就是最高的境界，對不對？他說人不是有幾個要求嗎？對呀！先是任務的需求嘛，然後是愛的需求，最後是 actualize 的需求，那你不能停留在某個階層，你每次每天……要往上嘛！

Athena：Do you think you reach self-actualization?

張光甫：yeah！我想我已經到了 self-actualization……你不可能完全，盡量！盡量！盡量完成！把握住心境…老天爺跟你在一起……盡量！

張光甫：我的博士論文！

Athena：PH.D……1988……The purpose of this study……（唸張光甫老師博士論文裡的研究目的）…… Wow! You wrote that?

張光甫：對！

Athena：metaphor 是什麼？

張光甫：比喻！metaphor 是比喻！比喻幼苗……比喻……像美國以老鷹比喻美國強大……

Athena：像 Symbol？

張光甫：對！Symbol！像中國講龍的傳人嘛！

Athena： In Hutchins' view……that a university has no academic freedom is not a real university……

張光甫：對！當時那個時候美國有 Marxism 主義……就是……美國那個時候有共產黨嘛！…那後來他集體主張學術自由…你不能夠因為研究馬克思主義啊，就把他抓起來，不可以！

Athena：那 Hutchins 是 Christian 嗎？

張光甫：不是吧？

Athena：他的 thinking 是很像 Christian 的 thinking 的

張光甫：對！

Athena：Human nature…knowledge……

張光甫：對！

Athena：How many books did you read in order to write this paper?

張光甫：大概一百本以上的書……有的是看自己的書…有的是參考別人的書……

Athena：Wow……You wrote all of these?

張光甫：重點……要重點……我需要每天再看……

Athena：你喜歡做這個事嗎？You like it?

張光甫：我喜歡！我寫《中國教育哲學》這本書的時候，我每天在寫，我每天到學校寫到差不多十點多我才回家，那很好。但是有的時候也是機會，有一次有個電話給我，是雙葉書廊的一個編輯部的主任他問我說……你要不要寫一本教育哲學啊？我講我考慮考慮吧！我那時候已經幾歲了？那時候是民國？19 多少年？那後來我想想我也要退休了，我再寫……後來我決定，也寫寫了，寫寫，但後來慢慢去給他簽約嘛！然後就花一年的時間寫完，我覺得還滿意。後來過了七、八年了……，我第二版第二版重新改了一下，……再增加一些別的東西…那也很好……

Athena：你的 book 還有在賣嗎？

張光甫：應該還有在賣……因為它每年給我一些版稅，版稅現在比較少，大概不到一萬塊……不到一萬塊，應該……臺幣，我的學生黃楸萍啊，那另外一本書幫我編的藍皮的那個黃楸萍啊，她在上課用我的書，好在她有用我的書，還有一些版稅，否則的話可能版稅更少，現在的學生哪會買你書啊？我那時候教的時候，有個學生明目張膽，他用影印的。用$^%^&&*…（聽不清楚）當作書，因為我的書買了比較貴的，反正當時要賣 600 塊還是 500 塊。但他用那個拷貝的話比較便宜，不到 200 塊錢，那我也不在乎，無所謂。

Athena：600 塊臺幣 is very cheap anyway！

張光甫：對呀，對呀！500 塊也算不貴啊，但是學生有的時候會買書嗎？他認為教科書都沒有價值嘛！但事實上面我的書是還有參考價值，他有些東西不懂，那有的人不懂不識貨嘛！那我們也原諒他，因為他不是專門研究教育哲學，也就算了。

Athena：研究 Hutchins 時，你是 teach undergraduate 還是 graduate？

張光甫：我後來就偏向 graduate school 的 student，碩士班啦！博士班，我從前開的課像中國教育史、西洋教育史，就是大學。我一直在開中國教育史、西方教育史，那後來課就轉到博士班碩士班，所以呢？黃楸萍，她就是我碩士班的學生，張淑美就是我大學部有教過， 碩士班我也有教過。

Athena：張淑美是 teach the same thing as you 嗎？

張光甫：跟我不一樣，她研究生死學，她做過我秘書，我做教育學院院長的時候，她做我秘書，她這人是蠻好的，但是太細心，太周到，也蠻累的，自己也很辛苦，太周到，人有時候到那邊也是很累。

Athena：那你也很辛苦嗎？你那時候也有很辛苦嗎？

張光甫：不怎麼辛苦！沒什麼辛苦！

Athena：It is a job?

張光甫：It is a job!

Athena：You like your job?

張光甫：我不喜歡做行政，我不喜歡。做行政，你要跟人家有人際關係呀！對不對？要解決問題呀，那有的人理念不跟你一樣，每個人的 standing 不一樣，你的做人的立場不一樣，我覺得很痛苦。我做 Registrar 的時候，有一件事情，我們註冊組要辦，因為那個很多呢，師範學校畢業，成績好，你可以申請保送師範學院，拿大學畢業，因為從前師範學校都是高中程度嘛！那要申請讀大學…師範大學、師範學院可以保送的，保送的話當然看你的興趣嘛！你可以填表說我要念國文系、我要念教育系，或者說唸英文、數學系，那有個學生呢，他大概認為英文是比較出路好一點嘛！他就報英文系，那後來他發現英文系很難唸嘛！因為他過去英文底子也不好，你教書的話荒廢了，他說他不願意唸英文系了，我要轉到國文系。那按照他們這一類的學生的規定啊，你不能轉系，因為你報名的時候就是國文系或者英文系，不能轉系，那我講不行，不行，我講按規定不行，那後來呢，旁邊有一個訓導主任，好像你們叫做什麼？專門管行為的訓導主任，他是主任，我是註冊組組長，他 level 比較低一點，他說你給他報嘛！你給他報嘛！你有什麼關係呢？他說我教育部有人，我教育部有人認識啊，他說你報過去的話，也許他覺得……那我講明明這個寫的很清楚嘛！對不對？法條規定就不能轉系嘛！我就不理他，我就不給他報，他當然很氣啊！所以我做事的原則就是根據法令做事，法規以外的一概不理，這樣就對了，對不對？他大概聽不懂，因為你沒有滿足他的需求嘛！

Athena：你是 rule follower？

張光甫：對！我是 rule follower！所以你做行政的話，你一定要遷就很多人。

Athena：那你喜歡當 professor 嗎？

張光甫：我喜歡當 professor！

Athena：你小的時候，你的 goal 是當 professor 嗎？

張光甫：沒有，我小的時候哪裡有什麼 goal！

不知是誰的聲音：I have a goal！

不知是誰的聲音：But different！

Athena：在你 high school 時，你已經有你 interest philosophy 嗎？

張光甫：大概有一些……但是我盡量好的書、好的知識、好的人要去聽演講，我想我當時我小學的時候，我爸爸爺爺就教我英文，所以我還算不錯，他教我英文用的課本是林語堂編的課本，那這是小學，那後來到了我高中的時候，因為我去聽他演講，演講，講幽默，什麼叫做幽默？

Athena：高中的時候？

張光甫：嗯！

Athena：這是爺爺的書。

張光甫：他怎麼會唸我的書！？

張光甫：後來我高中畢業，大學，大學完以後研究所，有一次林語堂回國，回國以後呢，他在報上常常發表一些散文、文章來評論一些事情，評論中國文化裡面一些問題，他有一次，他寫了一篇文章說，清代的戴東原，他是主張人的情緒、感情是很重要的，所以他說，戴東原清朝，戴東原就是在情感，反對宋明理學，宋明是清以前的宋代、明代兩代的理學，理學因為太強調理性嘛！理性克制情慾嘛！那我那個剛好在研究戴東原的那個教育哲學、寫他的文章，在做論文，那我就投稿《中央日報》，我說林語堂說戴東原是主張人的情感，我講說事實上面啊，戴東原是應該是知識、情感、理性跟情感、感情合一的，合一的，reunited，不是分離的，不是說他是完全重情感或者重理性，應該是也重情感、也重情趣、也重理性，那我就發表這篇文章。後來林語堂看到我的以後，寫了一篇文短文，他說。張光甫老師張光甫先生說的很對啊！後來呢，林語堂，他的不是很多文章嗎？他就出了一本書，文星書店幫他出了一本《林語堂文集》，就把我的文章作為那他的文章的附錄，所以現在你看《林語堂文集》裡面，我的那篇文章還在他的文章後面作為附錄，那也是一段因緣嘛！

張光甫向外孫女介紹林語堂（內容聽不太清楚）……

張光甫：那時候他 100 歲的時候，我寫了一幅字嘛！我寫了一副字嘛！我寫了一副字……

Athena：他是 writer、translator……

張光甫：他非常有名！

Athena：他 translate 很多 Chinese……

張光甫：對！他還寫小說嘛！

張光甫向外孫女介紹林語堂（內容聽不太清楚）……

Athena：所以他 1976 就死掉了，所以他 wrote the book，you……still very young，right？

張光甫：那時候他 89 歲，他從美國回到中國來…臺灣地區……陽明山……他的住所我還進去參觀過……

張光甫持續向外孫女介紹林語堂（內容聽不太清楚）……

Athena：Wait！He doesn't like 國民黨……為甚麼他不喜歡國民黨……

不知是誰的聲音（女生）：Are you still recording？

4.與淑美教授的互動

往返書信

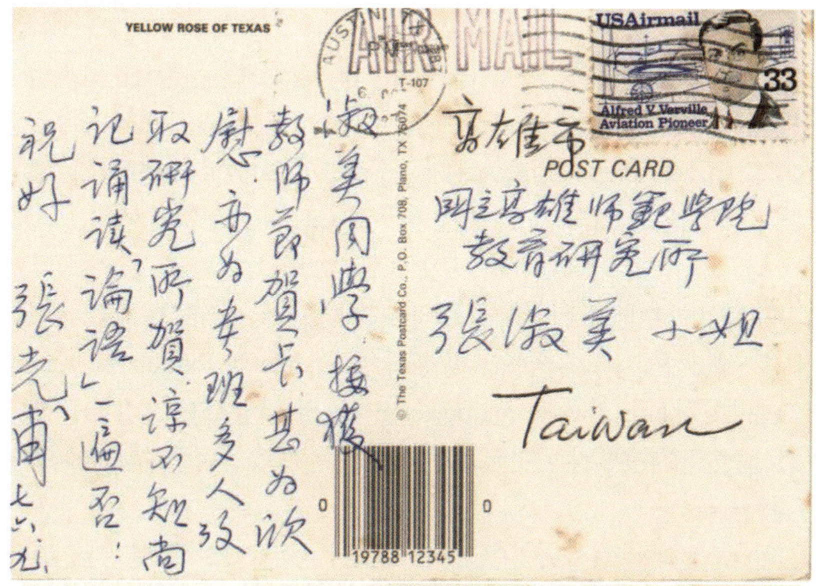

YELLOW ROSE OF TEXAS

淑美同學：接獲教師節賀卡，甚為欣慰。今年本班多人考取研究所，賀。諒不知尚記誦讀「論語」一遍否！

祝好

張光甫

七.六.九.

POST CARD

高雄市

國立高雄師範學院

教育研究所

張淑美 小姐

Taiwan

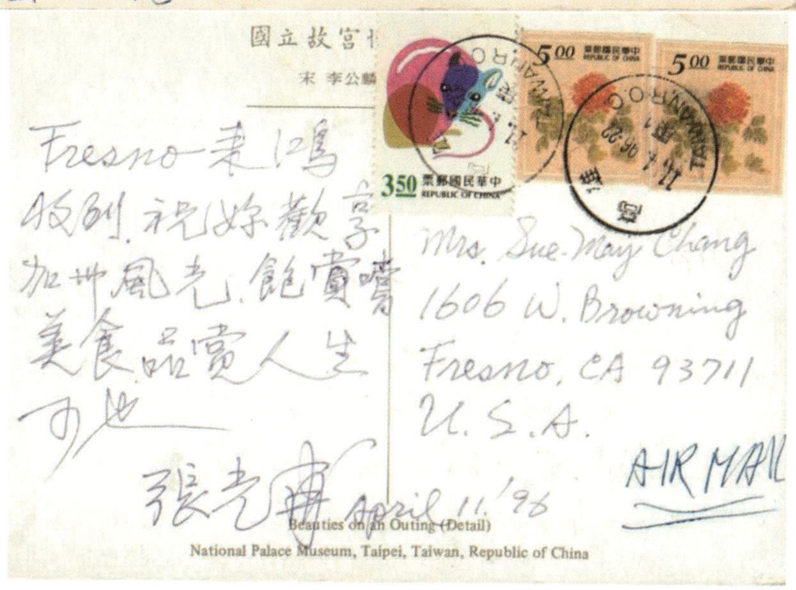

國立故宮博
宋 李公麟

Fresno來鴻收到。祝妳歡享加州風光，飽嘗美食，品賞人生可也

張光甫 April 11, '98

Mrs. Sue-May Chang
1606 W. Browning
Fresno, CA 93711
U.S.A.

AIR MAIL

Beauties on an Outing (Detail)
National Palace Museum, Taipei, Taiwan, Republic of China

✐與光甫老師及師母說歷史談文化電話紀錄

～張淑美

自 1/26 早晨短暫與老師師母拜個早年，隔了很久沒跟光甫老師與師母通電話，今天早上通了電話，拜個晚晚年！因為跟老師師母提到我們全家跟團 01/26－02/04 到義大利旅遊行程，2/3 改到巴塞隆納回臺，提到參觀了偉大建築師高地的建築代表「聖家教堂」等等。

1. 很高興與感動地聽到老師分享他的閱聽心得，老師說他聽蔣勳說紅樓夢、聽外國人介紹老子，更特別介紹 alien de botton 的 school of life 的系列 https://www.youtube.com/watch?v=vrZFU_XlJUQ，他也在 ted 講文化的重要性，主張用「文化代替宗教，用藝術館取代教堂」的觀點。
2. 老師分享他們「在家旅遊天下」，收看美國 PBS 電視台旅遊介紹專家 Rick Steve 的節目，提到有些歐洲小國雖然在中世紀時因為戰爭被大國統治，但仍然保持自己的文化，在寬廣的廣場中聚集歌唱共舞，這似乎是中國鄉村中看不到的，我們有廟宇但人民的聚集活動似乎不夠開闊。
3. 提到文化又提到文化的深度與歷史的角度，老師認為歷史觀非常重要，有歷史觀才會有更深的責任感、傳承感與使命感。個人有歷史觀，為人處世自會謹言慎行，並能有開闊格局；政治人物有歷史觀，則會慎思政治決策如何經世利民。因此，如果缺少閱讀歷史、深思歷史，就很容易被影響或迷惑，年輕人也可能因為缺乏親身歷練與多元觀點，尤其當今年輕人或現代人似乎都因為越來越使用網路，也可能更容易受到影響而失去自己的獨立判斷。但是老師認為年輕人也會改變也會成長，還是要懷抱希望。淑美回應認為若有文化史觀，從另一個角度看也是一種宗教或信仰觀，相信凡事都有因果，甚至於三世因緣觀點，人與萬事萬物置身在過去現在與未來的連續時間流中，也受到過去現在的影響以及影響未來，如此就個人而言即是別業、社會團體的角度就是共業（榮格也說過集體潛意識）。如果會這麼想，人們就不比較不會短視或局限，也會比較開闊。

4. 老師又強調「慎獨」的重要性，保持個人的獨立思考與清明自覺，是中國人很欠缺的，所以也會造成和稀泥以及被從眾行為所惑。過去教育要我們見賢思齊，但這賢卻很多是不賢，雖然見不賢而內自省也，但前提就是要能「慎獨」。
5. 老師接著談到【王國維－人生三境界的探討】，王國維的〈人間詞話〉說：「古今之成大事業、大學問者，必經過三種之境界：『昨夜西風凋碧樹。獨上高樓，望盡天涯路。』此第一境界也。『衣帶漸寬終不悔，為伊消得人憔悴。』此第二境界也。『眾裡尋他千百度，驀然回首，那人卻在，燈火闌珊處。』此第三境界也。老師或許因為感受到凋零也感受到時代的變遷，很有感慨地、略帶哽咽、真誠流露地說出：『昨夜西風凋碧樹。獨上高樓，望盡天涯路。』，講的是「慎獨」，必須「獨自」經歷過，也自己一人登上，方可以在高處自由眼觀四方「觀看」，不僅看清也能看得遠與寬闊。老師提到大約八、九年前在前台大歷史系教授杜維運教授家中與知名漢學家、古典詩詞學者葉嘉瑩教授有機會共聚一堂，葉教授當時談到王國維的第一境界，認為所述的是「大」的視野，老師說當時因為腳跌傷腿還痛著，未進一步表示自己的其他看法。
6. 又關心提到肺炎流行，對於日本處理鑽石公主號的態度感到不以為然，一開始排拒旅客下船，造成現在許多人感染。因此，又提到中國目前幾處封城的狀況，認為應該會影響中國自己與世界的經濟發展。而發生新型冠狀肺炎的今年，也正是庚子年。老師又想到當年苦難中國的庚子賠款 https://zh.wikipedia.org/wiki/%E5%BA%9A%E5%AD%90%E8%B5%94%E6%AC%BE，身為中國人與知識分子，老師想到當年國家被欺負，竟然還賠款給八國聯軍，又不禁哽咽。老師也提到後來美國決定以部分庚子賠款還贈中國，但得遣學生到美國留學，並設置清華學堂，也就是後來的清華大學。但是八國聯軍以及庚子賠款造成中國的傷害那是無法估量了！淑美認為儘管我們身處在臺灣，是中華民國在台灣的台灣人，但血緣上、文化上、歷史上，我們也是中國人。在臺灣的中華民國國民，也應該了解歷史文化，要有自己的文化與歷史觀。

7. 老師雖然自己說身體較虛弱，無法多言，但說起歷史文化，總是說出深刻感人的觀點。淑美每次的問候，真像是一堂堂幸運的遠距個別教學，每每啟發與感動良多。老師與師母總是念舊惜情，要我問候大家好。

～淑美紀錄於 20200221 早上 08:40-09:32

淑美與先生和光甫老師師母合影於溫哥華寓所（2014/07/18）

5.與楸萍師生之情誼

老師擔任楸萍婚禮證婚人

老師包給楸萍小孩紅包與衣服

老師退休歡送會時與楸萍合照

老師和楸萍全家合影於溫哥華寓所（2018 年暑假）

✐老師指導楸萍論文舉隅

历史研究重史实的发展与时序演变，

梁氏一生历经清末民国，与当代中国

他的思想发展，往往与政治体制、社会结构、

经济活动有关。

梁氏见中国社会动乱，农村经济破坏，农民

知识低落，遂有乡村建设理论的构想。

所以，本研究扩展研究范围（视野），举凡梁氏的

生长背景，如……

政治起伏，如…… 且说明其一、二，

社会若状，如…… 可用许多文中之农村耕作、

经济……如…… 粮食收入等

都在史料蒐集、史料批判、史料说明之

范围。

杜威曾在民八年访问中国，有过多次演讲？

梁氏应受杜氏之影响。（可据文献、时间，推论之）

所以杜氏之在中国的情形，也是研究的范围。

研究範圍與方法 (19——20)

先確定範圍 再運用方法處理問題

1. 時代背景
2. 家庭背景
3. 求學師友
4. 思想之淵源
5. 轉變 —
6. 思想內容
佛
儒
中西文化
7. 實踐 —
學校教育 —
鄉村建設 —
8. 評：1. 為一傳統主義
2. 人格風範

歷史法

○史料的蒐集
○ 鑑定
校勘
○史料的整理
○思想詮釋

史料整理
事實呈現

○思辯法

梁氏與晏陽初同時，晏氏也重視中國農村之建设與人力的發掘。晏氏的平民教育活動應有與梁氏重疊、相關之處，亦得為研究之範圍之一。

梁氏與人間佛教之落實在台灣，與西台灣諸大门派發展之記錄/範圍，亦得為研究範圍之一。

梁氏之鄉村建设在大陸所涵蓋地區有多廣，受惠人數，时間多長，為何失敗，其原因何在？也是研究之重點與範圍之一

[illegible]意见

1、文献探讨中不宜有[illegible]讨论。删去（p.2[illegible]）

2、文献探讨应[illegible]前人不足以为本文[illegible]。

2. 时代背景中叙述史料有误。（p.24）

3. p.39. 本文「实用功利[illegible]」「实利」、「功利」指涉不一，用词 用・实用主义．功利[illegible]」「功利[illegible]」，指[illegible]？

✓ 4 [illegible]. p.7. 42

✓ 5. p.110. 表要有表头，表头

6. 排版错[illegible]．[illegible]

7. p.103. 新儒家．说定义？— 内涵[illegible]？ 近代现代 ・加注

8 p.136. [illegible] 1942–1949 [illegible]

[illegible]

p.140 [illegible] → [illegible]

9. [illegible] 1949 [illegible]

[illegible] 146. [illegible]

p.15[illegible] [illegible] 156？

p.160 [illegible] ① [illegible] ② [illegible]

10. [illegible]. p.71–72 ② [illegible]

11. p.183. 1949以[illegible]

12. p.203. [illegible]

[illegible]

13. [illegible]引用？

[illegible] 1943.5[illegible]

p.29. [illegible]

[illegible]

[illegible]

p.240. pp. [illegible]时代

PREPARED BY PAGE

影響了在台灣的印順法師，後又有慈濟證嚴法師、佛光山星雲法師、法鼓山聖嚴法師、以及台南妙心寺傳道法師等人的人間佛教或人生佛教的推行，並在台灣頗成氣候，這些佛教團體甚至還做著教育文化的工作，有些辦學做教育，如慈濟的慈濟醫學院、佛光山的佛光大學、南華管理學院，另外，教育單位也經常委託佛教出家團體辦理教師的研習工作，高雄市教育局並於今年行文到各級學校，要求學校於實施生活教育時能多加參酌慈濟靜思語及福智團體的教育觀念，由上所述，在在都顯示佛教教育不再是離群索居、不問人世的修行方式，現今的佛教教育更積極的走入世間，做著入世間的工作，歸根究底，梁漱溟對佛教的批判可謂功不可沒，同時亦可見其批判的確有道理，方能引起後來佛教界如此多的共鳴。梁漱溟的關心社會、批判的思考、不糊塗過日的生活態度才使得佛教界有改革的契機。

現代心理學受西方實證科學影響，在研究方法上採用歸納和演繹，重視證據或數據，從實驗的證據或數據結果來描述人類的身心，但梁漱溟從哲學的角度談起，並論及人生，而構成他的倫理學的思想，梁漱溟談倫理學有他獨到的見解，梁漱溟從理智、本能、自覺、意識、理性、理智、身心關係談論心理學，又從宗教、道德、藝術等觀點構成其人生觀的主軸，並融合其心理觀及人生觀而將之稱為倫理學，我們以現在的名詞來說，梁漱溟所謂的倫理學，談論的其實就是人的心性觀。梁漱溟的心性觀對於我們從事教育工作者來說，可以視為是一種生命教育的哲學。

本研究將從梁漱溟的佛學觀、文化觀、心性觀等面向來探討其學術思想，進而研究其教育實踐面，其教育實踐包括了教育觀、民族自救運動及鄉村建設運動，並同時探討梁漱溟的知識份子的風骨。

第二節 名詞解釋

一、佛家的唯識學：

佛家唯識學的思想理論成立，本源於佛陀的阿含經教，所以說唯識學發源於原始的根本佛教；在唯識學者的眼光看來，染淨由心，簡而言之，即「心雜染，故有情雜染，心清淨，故有情清淨」。唯識學認為宇宙森羅萬象都是靠第八識——「阿賴耶識」無始（生生世世）以來所含藏的種子變現出來的。如果能夠認識一切唯心所造，唯識所變，了解一切萬法都是不實在，因而斷除妄執，就可以了生脫死，回歸涅槃清淨之體。修習唯識最終的目標就是「轉識成智」。「識」指的是生死的根本（阿賴耶識）；「智」指的是佛性。

論文計畫名稱：梁漱溟學術思想與教育實踐
校系班別：國立高雄師範大學教育學系教育博士班
發表時間：九十三學年度第一學期
提要別：博士論文計畫提要
研究生：黃楸萍　　　　指導教授：張光甫博士　　釋慧開博士
論文計畫提要內容：

第一章 緒論

第一節 問題研究敘述

儒家思想不論是孔子、孟子和荀子的理論，其共同的目的都在教人為善。自從漢朝董仲舒罷黜百家、獨尊儒術以後，幾千年來，中國傳統社會無論在教育與文化等方面一直深受儒家思想的影響。儒家重視人與人之間的規範倫理、人如何立處於國家社會中、以及如何教育人成為一個有道德修養的君子。

當中國面對西方的船堅炮利，連連幾次不敵外侮的情況之下，當時的人開始反省中國本身缺點所在，並因此興起了一股西化的風潮，於是[illegible]有張之洞的「中學為體、西學為用」、梁啟超的「中西兼通」、蔡元培的「融合中西文化」、胡適和陳經序的「全盤西化」等等的改革之聲。梁漱溟也同當時知識份子一樣，基於愛國之心，提出他救國的看法。他認為中國的文化精神遠遠超邁於西方，因為西洋文化的特性是如虎狼吞噬般的具侵略性，以儒家的倫理道德教化的中國文化才是人類文化的早熟。在文化大革命期間，面對群起的批孔聲浪時，梁漱溟並未加入批孔的行列，他認為中國傳統文化淵遠流長，幾千年來，中國文化深受孔子思想影響，可見孔子思想有其價值，並因此而寫作<今日我們應當如何評價孔子>一文試圖從當時回過頭去看過去，看孔子在中國文化史上的影響。

梁漱溟雖認同儒家的道德教化，但面對中國的積弱不振，梁漱溟有他較為中肯的看法，他認為首先要喚起人民對中國文化的信心，同時也期望透過知識份子來改造中國主要的人民－「農民」－的思想，透過教導廣大農民的生活知識，進而改造社會，於是興起鄉村建設之計畫。

梁漱溟的鄉村建設是以農民教育為基礎，他不以教育「國家未來的主人翁」的孩童教育為他的教育實踐，而選擇成年的農民為他的教育對象。就此而言，梁漱溟確有他獨到的見解，他認為廣大的農民是中國的主力，中國問題要獲得解決，必須要先讓廣大的農民生活安定、接受教育、獲得知識，如此一來，農民才有能力與餘力從事其他的社會建設；另外，梁漱溟樂見丹麥高等教育的成功；在丹麥高等教育的教育過程中，重視民族精神的倡導，因此能在教育中發揚本國的民族文化精神。梁漱溟的鄉村建設是以倫理本位、義務導向為教育的方法，同時仍不忘提醒中國民族精神，於此，仍可看出梁漱溟的儒家氣息以及倡導民族精神的用心。

梁漱溟關心政治、關心經濟、關心教育，但他從「文化」、「民族精神」為出發點作思考，這樣的思考不同於一般全盤反對西化的保守份子，也不同於一些主張全盤西化的激進份子，而意圖從文化、民族精神為出發的根基上為政治、經濟、教育提出一些看法。

歷史研究，首重史料的搜集與鑒定。梁漱溟生於光緒十九年，青少年期在清季渡過，十九歲已為中華民國子民。梁氏以畢生心力寫文言、白話，其全部著作思想盡收錄在《梁……全集》中。《全集》由山東……發行，在台灣也由文景、里仁……商務等也發行，多數單行本，其中的有些為舊版影印，缺誤甚少，不過也有刪節等謬誤，譬如……台灣的版本重視……，而大陸版本卻避開討論問題，想像。

歷史研究也重視史料的解釋。梁氏宣揚中國本位文化不遺餘力，有些學者，如XXX，視梁為一保守主義者，然梁氏實踐儒家精神，敢於在政治氣氛惡劣下（批孔揚秦），挺身捍衛「士」的氣節，梁氏不是一些死守經典推理字句的冬烘先生所可比擬。

✎老師與楸萍書信往返舉隅▸

以下這些信件是老師退休後旅居溫哥華後的這幾年，楸萍與老師的書信往返舉隅，其中兩篇以**楷體字**標示為楸萍所發出，其餘皆是老師寫給楸萍的信件（註：因是電子郵件，為保持原文件，故此處亦全數以橫書處理）

2016/09/27

楸萍平安 梅姫又來襲台 願大家安然渡過危機 天災還可以預防 而人禍需要更多的時間 更長的時機 和教化才能撫平傷痛

年輕人総有一天會覺悟 真是 人生過後惟存悔 知識增時轉益疑 我們當老師的 也只能盡力而為了 形勢比人強 難道是台灣的宿命嗎？

謝謝妳費心費力照顧小屋 千萬注意碎片不要傷手
我對妳的社會關懷和文化憂患意識 心有戚戚焉 但不知道怎麼安慰妳才好 希望風過雨晴 台灣有清明的一天 祝好　　張光甫

2016/10/06

謝謝楸萍 颱風不來 真是好事 教師的身分是弱者 然而我們也是知識人 我特別強調一群典範 發揮孟子 三不精神 學生會長大 総會明白事理 我們只好等待時機到來

幸好有許多像妳的知識人 中華文化終將復興
我書寫吃力 就此打住 祝好　　張光甫

2017/03/06

謝謝楸萍 天災固然可怕 但比不上人禍可恨
房子舊了經不起風雨和地震 好比人老了也經不起病痛的折磨
我的生活狀態還能勉強應付 但體力大不如前 書寫也很吃力
中國文化有它的命脈 不會受朝代的起落而興亡 更不會因為一個政黨的意識形態而中斷 知識人有他的使命 人在做天在看 歷史會證明這一件事情 憤青會長大 成熟的人會比較理性一點 我們總得相信孟子的人性價值觀 雖然人常常做一些不理性的事情
記得廣欽老和尚說過 台灣為要珍惜數十年的福報 福報用盡就是災難的開始了 但願人人惜福才好。祝平安　　　　張光甫

2017/09/29

謝謝楸萍 也祝妳教師節 中秋節快樂
內人將於十月 21 號返台辦理一些事情 到時候她會跟妳聯繫
我因為行動不便 不能陪她前往
妳的心情我很同情 也很理解 但是中華文化的傳承不會因為一時的政治危機而中斷 我們都應該知道歷史是最好的明證
年輕人都會長大 他們會從現實生活中 覺醒
我用語音輸入 但是也很吃力 所以就此打住 祝好　　　　張光甫

2017/11/06

稀齡返台探親娘
送我托老在旅店
Queen's Park Care Center，Respite Hotel
客店只有八間房
招待八仙過海來
返老還童真不假
牙牙學語聽不清
步履艱難靠輪椅
重複說事是阿嬷
低頭不語老阿伯
護理照顧日夜忙
吃喝拉撒兼洗澡
下床忽聞拉警報
護士即刻來幫忙
安全第一防滑倒
大家互相踢皮球
雙手高舉搖一搖
動腦遊戲也不少
可惜腦殘不得了
重看電影真善美
金玉盟裡見真情
I love Lucy 笑不停
兩週我見托吾老
人生在世如寄旅
走馬觀花總是情

2017/11/11

文化有傳承
士氣萬丈宏
謝謝楸萍 佩服佩服

2018/05/01

紀念五四運動
懷念胡適先生

2019/10/02

楸萍編目志趣高
因材施教孔聖傳
照本宣科唯一法
知所先後則近道

2019/10/13

老師好，

楸萍於聖嚴法師在世時即皈依於聖嚴法師（未親自受其皈依，而是在一次聖嚴法師舉辦的皈依大會場所皈依），聖嚴法師是「博士和尚」，他對佛法的論述較為嚴謹及精深，所以，楸萍很喜歡聽他講經說法，當年寫博士論文時，本來希望找聖嚴法師與老師您共同指導，但老師您建議聖嚴法師可能太忙，所以建議楸萍找慧開法師（慧開法師都有常到高雄的佛光山道場演講，楸萍還是有常去聽其演講）。

聖嚴法師雖已往生，但感謝科技進步，我們現在仍能透過影片繼續聽聖嚴法師的開示，今日，楸萍聽到聖嚴法師談佛教的「卍」字的意義時，想起了民國 83 年，楸萍考進高師大教研所碩士班，民國 84 年請求老師您當楸萍的指導教授（研究弘一大師），但，老師您一直謙稱自己對佛學不懂，無法指導我，在楸萍一再向老師保證佛學的部分楸萍會另外找老師幫忙（當年楸萍是另外在校外向屏東師範學院的侯秋東老師以及弘一大師傳作者陳慧劍老師請益佛學部分），老師您終於首肯答應指導楸萍的碩士論文，在老師指導楸萍的某一天，楸萍於夢中見老師着白襯衫，非常「相好莊嚴」且食指（我忘記是左手或右手）的指尖處有一「卍」字，這真的很奇妙，老師您一直「口說」您不懂佛法，但，楸萍夢中的您食指卻有一「卍」字……隨著跟在老師身邊的日子越多，越了解到，楸萍夢中所見可能不只是一般夢境……

或許真有如佛經上所說的輪迴轉世，或許真有如道教所說的三魂七魄，或許真有如科學家現在所說的「平行宇宙」，或許真有如台大前校長李嗣涔校長所研究的靈界訊息場，或許真有如基督教所稱的神，這些我們尚無法證實，但楸萍有諸多的奇妙感應經驗，讓我覺得前面所述的這些宗教論述或許有真其可能性。

今天聽到聖嚴法師談「卍」字，老師您「口中雖一直謙稱自己不懂佛學，但事實上，您行的卻已是「佛」之道了！也許，楸萍於夢中所見「老師身着潔淨的白襯衫」「相好莊嚴」「食指上有卍字」是真的！

轉傳聖嚴法師談「卍」字，老師您或許可以聽一聽喔！https://youtu.be/aJLxIjv--fw

生楸萍
敬書

2019/10/13

食指著卍記
究竟成圓空
古道照顏色
素色日益遠
人生欠一笑
回眸莊夢蝶　張光甫

2019/03/16

幸有高師大
師道得傳承
楸萍知識人
心中滿俠情　張光甫

2019/04/16

老師和師母，

楸萍已將老師的著作及手稿編成冊，且掃描成電子檔存在光碟片中了，（如附件照片中所示）另外，為了感謝老師，楸萍也放了一些老師與楸萍的互動（包括指導論文）點滴，以謝師恩隆隆！希望讓老師知道，我心裡有多麼感謝老師！有多麼自覺幸運得以受教於老師！跟在老師身邊當研究生，真的受益良多！無限感恩！

因為淑美老師和我都覺得老師的東西彌足珍貴，所以我和淑美老師商量，想放一本老師的東西放在系上給後學們參看，且淑美老師自己也想留一本，但因不確定老師您是否願意將此冊的內容公開，所以，我們想，先讓余嬪所長或淑美老師前往加拿大時，先送這一冊給老師過目後，再決定老師是否願意也放一本在系上以及給淑美老師一本，或也給其他想要的人，屆時再視請狀況決定加印與否，詳情淑美老師會在前往加拿大時再與老師您商討。　生楸萍敬書

2019/04/17

謝謝楸萍！

你們的用心 我非常感動。我區區的成就實在不足為外人道，更無需讓你們費心編輯留存。我覺得老實做人認真做事 是天下的共理 我也是盡心盡力而已。由你們本身的努力使事業有成 家庭和樂 分享你們的榮譽也是我的福氣。

你們的安排 讓我放心 再次感謝！　張光甫

註：2019/05/17 老師寄來曾淑勤演唱的《傳說》這首歌，我想，老師應是對此歌曲非常有感，在此附上此首《傳說》的歌曲～～

曾淑勤～～傳說

作詞：姚謙

作曲：鄭華娟

說我悠悠的路
風聲水影千百種
昨日喧囂的繁花
低了頭也是傳說
同行的人先走
後來的人揣測
唯一確定的說法　我來過
不說悲　不說愁
一生故事獨自守
而細微心事處　在歲月裏淹沒
不辯情　不辯憂
往事磊磊沈不動
而柔情曲折處　有心的人會懂

6.與高師大師生合影

金延生院長與張光甫教授夫婦合影（張教授 59 年至校服務，後出任教育系主任、教育學院院長，已於 95 年退休）

光甫老師出席教育系辦理何清欽教授退休餐會（1995/08）

光甫教授出席教育系四十週年系慶（2010/11/04）

光甫老師出席教育系師長餐會（推測是 1990 年代）

光甫老師與畢業生合照

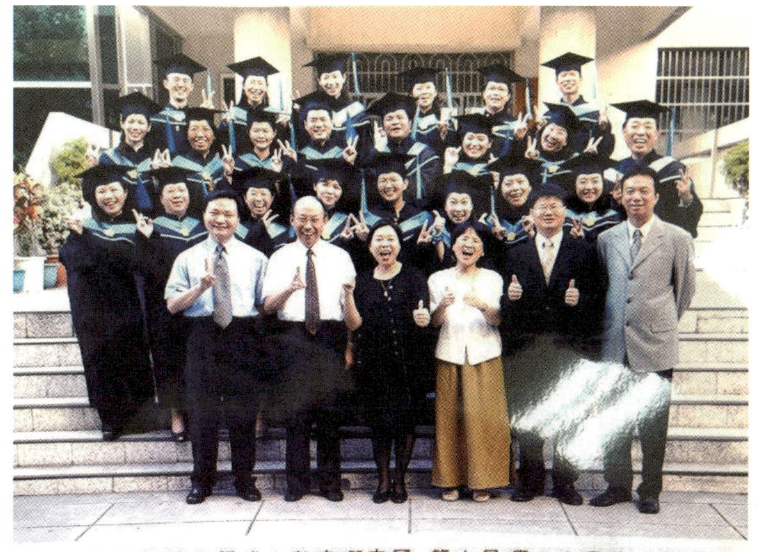
國立高雄師範大學成人教育研究所 第十屆碩士班畢業合影留念

光甫老師與畢業生合照

7.生活翦影

老師獨影

老師自高師大教育系退休後，
於溫哥華寓所（2015 年 5 月）

光甫老師攝於教育學院院長辦公室（1996/07/11）

光甫老師於美國取得博士學位

老師闔家攝於溫哥華

民國 83 年 9 月，光甫老師的二妹第一次從大陸來台省親的手足照片

光甫老師和師母合影

光甫老師與外孫女 Athena

老師生日與長子嘉凱合影於溫哥華寓所

老師長女嘉璇闔家至高師大教育系與老師墨寶（岳陽樓記）前合影

（2019/0/618）

老師外長孫、女與老師贈高師大教育系墨寶（赤壁賦）前合影

（2019/06/18）

張光甫教授著作年表

時間	著作
1968	戴東原教育思想之研究。台北：嘉新文化基金會。
1974	老子教育思想之研究。高雄師院學報，33，187-224。
1974	老子哲學中「不尚賢」的教育義蘊。教育與文化，422。
1975	老子自然主義教育目的之探討。台灣教育輔導月刊，25，3。
1975	赤子之心與審美經驗。自由青年，54，2。
1975	師範生教育標準專題之探討（小組研究）。高雄師範學院教育系。
1976	荀子書中人生境界之探討。高雄師院學報，4，139，166。
1977	知識的「有」與「無」。哲學與文化，4，9。
1978	中國社會「受難者」與「隱士」傳統文化之探討。幼獅月刊，47，6。
1980	老子與馬斯羅理想人格之探討。教育學刊，2。
1981	說孔孟尋得大孝觀。高市文教，5。
1981	從教育觀點說「忘記」。教育文粹，10。
1981	一種提昇生命的方法－獨處的探討。教育學刊，3。
1984	學校教育與社會文化建設。新聞報，1.1。
1988	赫欽斯的教育哲學（英文）。美國斯汀德州大學博士論文（未出版）。
1988	從世界體系看我國教育的動向。教育文粹，18，12-17。
1989	求卓越於平實－說教師的基本功能。新聞報，4.1。
1989	Education in Taiwan: Challenges and Responses. 美國維吉尼亞大學舉辦之 1989 Research Symposium on East Asian Educational Reforms.
1989	從美國教育的理念與現實看我國八二年國教的前景。教育文

時間	著作
	粹，19，6-10。
1989	高其志、大其心。國立高雄師範大學校刊，1，7-9。
1990	維大紀行－「轉變中的東亞教育」研討會記實，國立高雄師範大學校刊，2，10-13。
1990	明日的教師。國立高雄師範大學校刊，3，4-8。
1990	Tomorrow's Teachers.發表於高師大與 UNCC 聯合舉辦之 Symposium on Teacher's Role in the 1990s。
1990	教育的理念。教育研究，13，48-54。
1990	實習教師的明天。國立高雄師範大學校刊，4，1-2。
1990	面對東西方，行走南北中。國立高雄師範大學校刊，5，4-7。
1990	Taiwan Education at Crossroads. Western Michigan University 舉辦之 Facing East/Facing West: North America and the Asia/Pacific Region in the 1990s 研討會。
1990	我們要的是尊嚴。新聞報，8，12。
1990	台灣教育的趨向。教育文粹，20，1-7。
1990	哲學就是讓你不明白。成長之路，台北：新生代基金會。
1991	從「2000 年大趨勢看休閒教育」。成人教育，2，7.20。
1991	教育與人生。師友，289-7。
1991	余易非易。炎黃藝術，26。
1991	從道家觀點談休閒生活。教師的休閒生活－台灣省教師精神修養專輯第 20 輯，台灣省政府教育廳，32-42。
1991	Dare Taiwan Education be Effective for the Future?美國維吉尼亞大學舉辦之「二十一世紀中國教育展望」研討會，Hawaii，1991。
1992	美國高等教育的理念。教育文粹，21，6-34。

時間	著作
1992	慎獨的教育價值。發表於花蓮師範學院舉辦之「道德教育」國際學術研討會。
1993	現代學生生活習慣的養成與突破。二十一世紀中小學教育新發展－台灣省教師精神修養專輯，21，台灣省政府教育廳，1-21。
1993	人師與經師。駱駝集㷗，台灣省政府教育廳國民教育巡迴輔導團，369-672。
1993	傳斯年教育理念初探。國立高雄師範大學舉辦教育哲史教學國際學術研討會。
1994	開心與關心。教育學術講座第六輯。國立教育資料館，58-69。
1994	形殘而神全－莊子的特殊看法。木棉情，創刊號，高師大特教系。
1994	人心的環保。環境科學技術教育季刊，5，13-14。
1995	赫欽思的永恆教育觀。高市文教，5，19-22。
1995	談生命教育。輔導通訊，44，3-4。
1995	實習教師的明天。教育實習輔導季刊，1(2)，彰化師範大學，55-58。
1995	現代都會人的生活美化條件。台北市立社會教育館館刊，6，19-22。
1995	從老子說特教人的座右銘。木棉情，2，高師大特教系，3-4。
1996	人的教育與事的實習。教育實習輔導季刊，2(2)，彰化師範大學，9-12。
1997	教育問題的文化反省。申齊雜誌，100，台北市，20-23。
1997	人文、兩性、學風。發表於高雄市教育學年會，高雄市。

時間	著作
1998	兒童官昨是今非？。發表於國立台北師範學院，台北市，「幼幼－傳承與變革」學術研討會。
1998	生活品味面面觀。生活品味 DIY。高雄市：高雄復文。
2003	中西哲學的觀點：教育哲學。台北市：雙葉書廊。
2003	「教育哲學」如是說。教育學刊，20，1-7。